你内心苦恼，**说出来！**
你内心压抑，**宣泄吧！**

大学生心理问题
解决方案

李澍晔　刘燕华　李美晔 ○ 著

阳光与乐观心态的**密码**就在这本书里！
自信与智慧的**钥匙**就在阅读的过程中！

内蒙古人民出版社

图书在版编目（CIP）数据

大学生心理问题解决方案 / 李澍晔，刘燕华，李美晔著. -- 呼和浩特：内蒙古人民出版社，2018.8
ISBN 978-7-204-15560-6

Ⅰ. ①大… Ⅱ. ①李… ②刘… ③李… Ⅲ. ①大学生－心理健康－健康教育－研究 Ⅳ. ①G444

中国版本图书馆CIP数据核字（2018）第168526号

大学生心理问题解决方案

作　　者	李澍晔　刘燕华　李美晔
责任编辑	陈宇琪
封面设计	晴晨时代
出版发行	内蒙古人民出版社
地　　址	呼和浩特市新城区中山东路8号波士名人国际B座5层
网　　址	http://www.impph.cn
印　　刷	三河市海新印务有限公司
开　　本	710×1000　1/16
印　　张	13.75
字　　数	200千
版　　次	2018年9月第1版
印　　次	2018年9月第1次印刷
书　　号	ISBN 978-7-204-15560-6
定　　价	36.00元

如发现印装质量问题，请与我社联系。联系电话：(0471) 3946120　3946173

前言 FOREWORD

| 大学生心理问题解决方案 |

随着当今社会生活节奏的加快，学习、求职、交往等来自家庭和社会的压力不断增加，大学生虽然具备了完全行为能力，但是由于大多是独生子女，特殊的生活与成长环境，特别是处于"青春期"的最后阶段，心理问题十分明显，应引起大学生本人、家长、学校和社会的重视。

处于"青春期"后期的大学生的心理问题很复杂，原因是多方面的，涉及的问题也很多，集中表现在彷徨、焦虑、逆反、自卑、多疑、缺乏自信、没有毅力、以我为中心、冲动、要面子，沉迷于网络、手机等。如果不认真加以引导，不有的放矢地采取措施，任其惯性发展下去，可能会导致严重的后果。

在全世界范围内，大学生的心理问题日益突出，人们都在关注大学生的心理健康，因此，努力研究大学生的心理特点，使大学生保持良好的心理状态，是当务之急的大事。

事实上，一些大学生的心理问题已经很严重了，掌握他们的心理特点，加以科学地引导和研究，努力使他们成为适应社会、

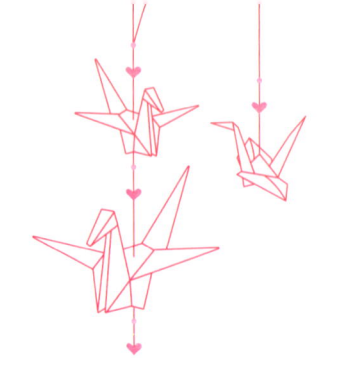

适应将来、敢于承担责任、勇于面对一切的人尤为重要。

为了让大学生打破心理问题的神秘感，本书以对话的方式，运用不同的心理疗法（音乐、饮食、运动、激励等），深入浅出地指出了心理健康的基本要素，指导大学生自己调节、自己解决心理问题，达到心情愉悦、身心健康。

眼下，少数大学生很浮躁，欲望也多，焦虑、烦恼、抑郁情绪普遍；个别大学生不知道给自己的心理提供丰富的营养，长此下去会使心灵发生扭曲，出现严重后果。

本书是一剂心灵营养的"良药"，能为大学生提供丰富的精神食粮；能使大学生安静下来，学会换位思考；能使大学生明白人生的真谛，很有现实意义。

本书以实例与对话的形式叙述了一个个心理问题事件，生动性、可读性、实用性、借鉴性、自束性强。当大学生在书中看到别人的心理问题时，也能自然地查找到自己的心理问题，可以达到自我咨询、自我诊断、自我调理、自我安慰、自我解决、自我治疗之目的，亦可帮助身边的人疏导心理问题，达到有病治病、无病预防的效果。

目 录

求职引发的心理问题

1. 借高利贷印制昂贵的彩色求职宣传册 / 1
2. 听说同学与外企签约了 / 8

考研引发的心理问题

1. 严重失眠了！是工作呢，还是考研呢？ / 15
2. 听说这个专业竞争激烈以后 / 21

恋爱引发的心理问题

1. 第一次见面就遭到了"骚扰" / 26

目录 CONTENT

2. 喜欢又不敢说出来 / 33

与人交往引发的心理问题

1. 感觉自己比别人"矮三分" / 40
2. 聚会 AA 制以后，决定不参加任何活动了 / 46

新环境引发的心理问题

1. 入学后，发现大学生活不是想象的那么好 / 52
2. 网购成瘾 / 59

疾病引发的心理问题

1. 知道闺蜜得了牛皮癣以后 / 66
2. 知道同学得了肝炎，惊慌失措 / 71

手机与网络引发的心理问题

1 总盼望着有人访问他的网页 / 76
2. 总是希望有人点赞 / 83

目录 CONTENT

3. 网络中被"恋爱"欺骗了 / 88

偏激引发的心理问题

1. 矿泉水瓶里的硫酸 / 93
2. 准备继续挂科 / 99

消费引发的心理问题

1. 请客吃饭的烦恼 / 104
2. 追求女生付出的代价 / 109

兼职引发的心理问题

1. 十万火急，请求家里汇款 / 114
2. 当家教的烦难 / 119
3. 遇到赖账的人以后 / 124

自身形象引发的心理问题

1. 悄悄束胸 / 129

目录 CONTENT

2. 准备去做双眼皮 / 135
3. 总是把自己裹得严严实实的 / 140

欲望强烈引发的心理问题

1. 发现同学兼职挣钱多以后 / 148
2. 天天生活在幻想之中 / 155
3. 看见同学有了名牌包以后 / 160

宿舍同学引发的心理问题

1. 半夜,她数次推开六楼的窗户 / 165
2. 夜间同学手机的干扰 / 171

自我治疗心理问题的方法

1. 呼喊疗法 / 176
2. 音乐疗法 / 179
3. 运动疗法 / 183
4. 集体疗法 / 186
5. 倾诉疗法 / 189

目录 CONTENT

6. 回归大自然疗法 / 192

7. 交流疗法 / 195

8. 回忆疗法 / 197

9. 书画疗法 / 200

10. 睡眠疗法 / 202

11. 日记疗法 / 205

后 记 / 208

求职引发的心理问题

1. 借高利贷印制昂贵的彩色求职宣传册

真实事件

眼看着就要大学毕业了，绢子近日忙得不亦乐乎，四处赶场去职业招聘会。每次从招聘会现场回来，她四处找同学借钱，而后急匆匆地跑出去，进入一家高级文化创意服务公司，请专业设计人员设计漂亮精美的个人求职宣传册。

求职宣传册是用进口铜版纸制作的，一共有六七页，非常漂亮，价格昂贵，一份 100 元。学校大多数同学用的是普通的 A4 纸打印出来的简单简历，一份不过两三角。同学们看着娟子的彩色求职宣传册，非常羡慕，都说比不了，太漂亮了。听见同学们的赞誉，她内心十分满足。

一天，她从职业招聘会现场返回，又去找同学借钱。同

学们也不富裕，找各种借口，不再借给她钱了。她很生气，认为同学们不够意思，一个宿舍的同学建议她去找外面的人借钱。

她急急忙忙地来到校外的一个小饭馆门口，看见一则小广告：借钱请加微信，摇一摇，微信转账，轻松搞定。

她喜出望外，也没有仔细询问，立刻摇晃手机，借了2000元。一会儿，2000元进账了，她立刻转身，跑进高级文化创意服务公司，重新制作了二十份高级求职宣传册，心满意足地又去了几个招聘会现场。

三天后，娟子从招聘会现场回来，手里拿着手机，电话也不接，微信也不看，垂头丧气地走进宿舍，唉声叹气，愁眉不展。

室友问她是不是病了，她面无表情，爱答不理的，晚饭也不去吃了，还自言自语说不想活了……

同学们很担心她，立刻告诉了助教。助教马上来到宿舍，找娟子问情况，发现娟子情绪异常，立刻带她去见心理专家。

心理专家没有马上询问情况，而是给她播放了几段古典音乐，请她喝一杯清香的咖啡。20分钟后，娟子的表情正常

求职引发的心理问题

了，主动说出了心中的苦恼。

原来，小广告里的微信借钱者是放高利贷的不法之人，按天收利息，一天5%，三天后要求连本带利还钱。娟子着急印制精美的求职宣传册，没有认真询问情况。三天后，放高利贷者追着她还钱，还说了很多狠话威胁她。娟子没有遇到过这种情况，受到了惊吓，不敢看手机，不敢出校门，对招聘会也没有了兴趣，感觉生不如死。

了解了娟子的情况后，心理专家认为，娟子涉世不深，为了满足印制精美的求职宣传册的需求，盲目借钱，被放高利贷者追债威胁，失去了安全感，受到了惊吓，产生了轻生的念头，需要马上进行心理疏导，给其安全感与信心支持，帮助她找出解决问题的方法，消除恐惧源，树立正确的求职观。

心灵交流

娟子：我现在不敢看微信，不敢接电话，都是催债的，我该怎么办呢？

心理专家：现在先深呼吸，闭上眼，不要想电话与微信，尽量不想催债的事，我们推心置腹地从头聊一聊。

娟子：好啊。

心理专家：为什么要借高利贷呢？难道有什么急事吗？家里出了问题吗？

娟子：家里没有任何问题，是我遇到了急事。现在是求职季，每天都要去招聘单位应聘。一次，我去一个招聘会现场，我拿出了用A4纸打印的简历，交给招聘者。招聘者刚看了一眼，就把简历扔到了旁边的纸箱里，但接过我后面的一位同学手中的精美求职宣传册，却认真地审读起来，边审读边说："这个求职宣传册做得真精美，是个细心的学生，好——好——好——"接着，旁边的几位同学小声嘀咕说："真土，现在还用普通的A4纸打印简历，太土了……"我当时就受到了刺激，扭头跑出招聘会现场，发誓要制作出最美的个人求职宣传册，赢得职场人生。

心理专家：你觉得赢得职场人生，一份精美的求职宣传册就能搞定吗？用人单位仅仅凭一份精美的求职宣传册就能接收你吗？

娟子：精美的个人求职宣传册是敲门砖，用人单位第一印象很重要，只要我把求职宣传册做好了，把自己包装好了，用人单

求职引发的心理问题

位一定会选中我。现在我明白了，我屡屡被用人单位拒绝，都是因为我的简历是用A4纸打印的，太土了，用人单位不愿意看这样的简历。如果连简历都不看，我还能被选中吗？

心理专家：个人求职简历固然很重要，但是这只是介绍自己的一个开始，用人单位一般不会仅凭一份精美的简历就录用你，更不会草率地以普通的A4纸打印出的简历和精美的彩色求职宣传册确定要不要你。用人单位一定会以才取人，而不是以貌取人。精美的求职宣传册固然吸引眼球，但是普通简历也不逊色，甚至有时候普通简历比精美的求职宣传册效果还好。

娟子：现在用人单位都认真看待简历，如果制作得不精美，真的没人看。我几次遭白眼，就是这个原因。

心理专家：我们不争论这个问题，还是让事实来说话吧。我打开电脑，你现在好好看一看、听一听，咱们学校就业指导办公室与101家用人单位人事部门共同录制的节目——《献给大学生就业指导的忠告》：亲爱的大学生，祖国的建设需要你们，你们有理想、有事业、有才学、有激情、有创新，欢迎你们把简历投到我们单位来，我们会独具慧眼，从茫茫人海中发现闪光的你，单位会尽可能地给你们提供展示才能的舞台。请放心，我们会认真审阅你投给我们的简历。请原谅，招聘现场

人多，不可能马上审阅。请相信，我们会把所有简历完好无损地带回单位，找专人审阅，绝对不会忽视每一位宝贵的人才。我们提倡节俭、环保、一目了然的简历，最好是A4纸或B5纸打印的简历。彩色简历价格昂贵，也不环保，白白浪费钱财。同学们，我们要的是有真才实学的人，而不是华丽的包装与外表。

娟子：啊，原来用人单位对我们的简历这么认真啊！

心理专家：这下放心了吧，眼见为实，要相信用人单位，他们都希望找到真正的人才，给每个大学生提供用武之地。回去好好准备普通的简历，这几天还有很多场大学生现场招聘会，好好准备，带着自信去应聘。现在轻松了吧？

娟子：简历的事儿倒是轻松了，可是——可是——可是现在我已经借高利贷制作了很多精美的彩色求职宣传册，不知道高利贷的利息怎么计算，现在利滚利，叠加在一起，我是负债累累了。他们一直在追债，一直在威胁我，吓得我不敢出校门了，我该怎么办呢？

心理专家：不要怕他们，放高利贷违法，有人管他们，我们现在就去派出所报警，邪不压正，放高利贷者一定会受到法律的严惩。你借高利贷，没有法律意识，不考虑后果，错误严重，需

要反思，吸取教训，不能再犯类似的错误。

娟子：好，以后我坚决不再借高利贷。现在我放心了，没有后顾之忧了，我们去派出所。明天我用普通简历去参加招聘会，我相信一定能找到适合我的单位。

心理专家：祝你顺利。相信明天会更好。

心理专家提示

简历就是把自己的情况说明白，只要如实地把学历、特长等个人真实情况和求职意向说清楚就可以了。过分追求华丽、漂亮，反而暴露了自己的不自信，会引起用人单位的反感。

大学生借高利贷是错误的行为，必须远离高利贷，如果陷进去，会导致严重的后果。大学生应该有清醒的认识，千万不能碰高利贷。

2. 听说同学与外企签约了

真实事件

大学毕业季开始了，同学们拿着简历几乎每天都去各个招聘会现场，期待找到一份称心的工作。自认为很优秀的小军垂头丧气地从招聘现场返回宿舍后，刚刚拿起水杯，就听到几个同学议论着，室友中最弱的、最貌不惊人的小马被一家外企录用了，月薪1万，还提供住宿……

顿时，他感到一股火从喉咙里冒了出来，心口好像堵了一块大石头，斜眼看着在写字台边工作的小马，恨不得马上冲过去暴打他一顿。巧了，小马回过头，看了小军一眼，小军的火气更大了。

由于室内人多，小军强忍着怒火，扭头出去了，在校园的一个角落里转来转去，还买了几瓶啤酒，边喝边想着怎么报复小马。

求职引发的心理问题

　　学生会主席小刘经过这里，闻到一股酒味，急忙走过来看，发现已经有点醉意的小军还在喝酒，小刘制止了他，与他交谈起来。已经有点喝多的小军控制不住情绪，嘴里一个劲儿地唠叨着："我要打残他，我要打残他……"

　　小刘十分惊讶，担心发生什么意外情况，立刻报告了老师。老师找来了校医和心理专家，校医认真检查了小军的身体情况，没有发现异常，只是喝多了，就给他喝了点冰糖雪梨水。一个小时后，小军酒醒了，恢复了正常。而后，心理专家与他交谈起来。

心灵交流

　　心理专家：你一个人在犄角旮旯里喝酒，为什么呀？是不是与用人单位签约了？是不是找到好工作了呢？

　　小军：找到什么好工作呀！签什么约呀！现在是越优秀的人越找不到工作，那些不起眼的同学都找到了好工作。用人单位是怎么找人的？难道他们都是近视眼吗？嗨！气死我了！

大学生心理问题解决方案

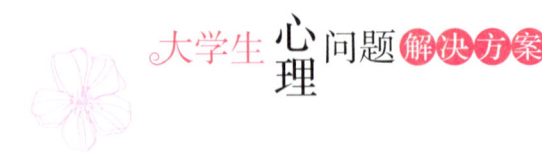

心理专家：这话从何说起呢？你这是主观随意下结论，纯属自寻烦恼。用人单位人事部门的工作人员个个火眼金睛，难道还分辨不出所需要的人才吗？

小军：分辨出什么呀！我看要么是稀里糊涂的，要么是走后门、拉关系、靠人情的……

心理专家：你这是无端猜想，有点偏激了，有点羡慕忌妒恨了。最好用事实说话。

小军：事实太多了，我的室友就是个例子。小马是我们宿舍最差、最弱的同学，长得一副歪瓜裂枣的样子，黑乎乎的，个子矮矮的，学习成绩一般，不爱说，甚至都不会笑，每天也不知道躲在学校的哪个地方干什么，不舍得花一分钱，倒舍得买书和资料，神神秘秘的样子。同学们认为他有问题，不跟他来往。一次，同学们在宿舍里打牌，只差一个人，让他过来一起打，他冷冷地拒绝了我们，把我们晒在那里。周末，室友们一起外出吃烤串，他气冲冲地说没有钱吃，转身就跑。我说了他几句不合群，他不但不听，反而愤怒地说我们在浪费生命、浪费时间、浪费金钱，从此再也不和我说话了，还咒我找不到好工作。现在，他竟然被外企录用了，还用鄙视的眼光看着我。我这么优秀，却没有被签约，没有找到工作，都是被他诅咒的。

心理专家：你有些偏激了，有点忌妒了，忌妒引起了愤怒，产生了要报复同学的想法，十分危险啊。忌妒是恶魔呀，可以使人走向黑暗的深渊，不能自拔，要远离忌妒。大学生应该会理性地分析问题，同学之间应该友好相处，同学有了进步，同学被签约，应该为同学高兴，而不是忌妒、仇恨，甚至预谋报复同学，这样的心理与行为，说明你很不成熟，怎么可能被用人单位签约呢？你说你优秀，这是片面的认识，属于自我欣赏型，并不等于你真优秀。你想听听真实的情况，想知道小马为什么被外企录用了吗？

小军：想知道。是不是靠老爸和老妈呀？

心理专家：看来你的忌妒心还很强，随意猜测的毛病也要改啊，不改的话，不但自己很累，而且与同学的关系也不容易搞好，对这一点要有清醒的认识。刚才你列举了小马一大堆的不是，说他小气，说他不合群，说他神神秘秘的，这都只看到他的表面啊。据学校了解，小马平时抓紧时间学习，不舍得花一分钱乱吃乱喝，舍得去新华书店买书、买资料，平时挤时间去图书馆查阅资料，如饥似渴地学习，搞小发明、小创造，现在已经有一百多个发明的小专利，设计图纸一千多张。那家外企正需要这种有创新精神的人，看到他的发明专利和设计图纸，经过双方反

大学生心理问题解决方案

复交流,那家外企最终确定非他莫属,而且给他单独一个人的设计室、最好的电脑和实验设备。你说这样的人才谁不去抢,谁不想要啊?难道单位要用喜欢打扑克的吗?要用喜欢喝酒的吗?

小军:啊?这——这——这是真的吗?这也太出乎我的意料了,我……

心理专家:完全属实。小马给我们学校争了光,给同学树立了好榜样,让同学们知道了一个最浅显的道理:只要刻苦学习,有真本领,一定会有用武之地。现在毕业生有的是,可是用人单位需要的是人才呀。最近,由于小马在人才招聘市场的表现,很多用人单位青睐于我们学校的学生,无形中提高了我们学校的知名度和声誉,这样的好室友,你们平时看不到他身上的优点,不向他学习,反而说他不合群。难道不与你们打牌、不与你们外出吃烤串,就是不合群吗?大学的时间过得非常快,一定要抓紧时间学习,想方设法提高个人的综合素质,而不是发牢骚、怨天怨地,这样才能被社会接纳,才能成为有用的人才,才会被用人单位争抢。如果你一定要怨恨,那只有怨自己大学期间不珍惜时间,没有把心思完全放在学习上,值得你好好地反思。

小军:我明白了,心服口服。回想这大学四年,我平时确实是爱玩、爱吃、爱打牌、爱外出看电影,心思几乎一半都没有用

求职引发的心理问题

在学习上，所以现在我很惨，应聘的事是没有希望了。

心理专家：认识到自己以前的问题是好事，但不要自暴自弃，其实你还是不错的学生，要树立自信心，把简历制作好，选择适合自己的工作方向，向用人单位真诚地介绍自己、推荐自己，被签约的希望还是非常大的。现在国家对大学毕业生就业非常重视，提供了很多就业岗位，相信一定会有适合你的岗位，也会有急需你的单位。明天上午、下午各有两场现场签约会，就在咱们学校的大礼堂，你要带着自信去，祝你找到满意的单位。

小军：谢谢！借老师您的吉言，我马上回去整理简历，以最好的姿态去应聘，同时我要向室友小马道歉，向他表示最真诚的祝贺。

心理专家：这就对了，祝你成功。大学同学，特别是室友，应该亲如兄弟姐妹。以后你们各自走上工作岗位，会更加怀念大学的美好时光，怀念同学们，好好珍惜吧。

心理专家提示

忌妒能使人心灵扭曲，使人产生仇恨与报复心理，有时能把人折磨得死去活来。平时要加强个人的修为，多与大自然接触，

大学生心理问题解决方案

让自己的内心充满阳光。在内心深处不要藏阴暗的事情,无论是看人还是看事,要多看美好的一面,心存一善念,眼冒一善光,美好伴全身。如果同学取得了好成绩,找到了好工作,要为他祝贺,从心里感到高兴;如果同学遇到了困难,要伸出热情之手,积极主动帮助他;如果同学犯了错误,要善意地提出批评,帮助他及早改正,这才是真正的同学友情。

考研引发的心理问题

1. 严重失眠了！是工作呢，还是考研呢？

真实事件

兰兰进入大学四年级以后，几乎没有睡过一个好觉，陷入了一个困惑的泥潭。原因是什么呢？其实，就是被考研和工作的事情困扰着，弄得自己烦躁不安，迷茫与无奈。该选择什么？该舍去什么？不知如何是好。

妈妈希望她考研，电话里、微信里、短信中，接二连三地催她考研，理由是不考研将来就没有大出息。爸爸希望她早点工作，边工作边考，接二连三地给她写信，理由是女孩子早早工作、早早成家才是正事儿。

兰兰的几个最要好的大学同学意见不一，有的说考研好，有的说工作好。社会上的一些专家意见也不统一，说什

大学生心理问题解决方案

么的都有理由，弄得兰兰内心十分矛盾，为此经常整夜睡不着觉，白天上课没精神，吃饭也没有胃口，人瘦得弱不禁风了。平时，看着决定考研的同学精心准备、认真复习，看着决定毕业直接工作的同学认真准备简历、寻找接收单位，兰兰内心十分焦灼、困惑。

夜里，她睡不着，起床上卫生间，刚刚蹲下，感觉头晕，身体失去平衡，摔倒在厕所。后来，她被一位上卫生间的女生发现，急忙报告了生活老师。生活老师立刻找来了校医进行急救。半个小时后，兰兰恢复了正常。交谈中，校医感觉兰兰的情绪和心理都出现了问题，急忙请来了心理专家。

心灵交流

兰兰：老师，我是不是快要死了？估计我活不长了。

心理专家：别乱想，别乱说，放松点，你身体没有大碍，放心吧。初步观察，你只是营养不良，身体虚弱，看来你需要加强营养，最主要的是要睡好觉啊。身心健康是大事，马虎不得。严

考研引发的心理问题

重的睡眠不足真的会危及生命安全,这不是危言耸听,希望你引起重视。

兰兰:唉!老师,我现在哪能睡得着觉,被考研还是工作困惑得都陷入泥潭了,真是痛不欲生啊!烦死我了!

心理专家:知道了,你的症结在于是工作还是考研,二选一的矛盾,就是压在你心头的一块大石头啊。我们好好聊一聊你的心理问题,一定要把这块大石头搬掉,才能轻轻松松地学习、生活。如果不把困惑你的心理问题解决,它就会伴随着你,使你焦虑不安、烦恼痛苦等,这些不良情绪,有碍于你积极健康的行为,会影响你的判断与思考。

兰兰:是呀,二选一,困惑了我有一年多了,我真的感觉到痛不欲生,也不知道听谁的好,想想谁说的都有道理,谁说的都是为我好。可越是这样,我越难以选择,睡不着,不想吃饭,掉头发严重,月经都不准了。老师,我现在该听谁的?该怎么办呢?老师,您有灵丹妙药吗?能把我的困惑心理治好吗?

心理专家:能。你是一名大学生,有独立思考的能力,我们先初步学一点心理学,认识一下困惑心理究竟是什么。其实,每个大学生都或多或少有过困惑迷茫的时候,也就是所谓的困惑心理,是处于一种感到疑难,不知道应该怎么办才好的心理状态和

大学生心理问题解决方案

行为反应之中。其实，人一生中的烦恼困惑太多，担心的事也太多，瞻前顾后，怕这个怕那个，而最终大部分担心与害怕的事情并没有发生。困惑心理的产生一般有两个途径：第一个途径是内因，主要是由学业、工作、婚姻与爱情引发的；第二个途径是外因，主要是由社会、家庭、身边的朋友，以及意识形态方面引起的。我认为困惑心理最典型的境遇就是面对二选一的困难，也就是在做出决定之前，同时遇到两种或两种以上的选择，这是一种普遍存在的心理现象，伴随着焦虑、烦恼与内心的挣扎与煎熬，身体方面则会表现出失眠、没有食欲、掉头发、血压升高、记忆力下降、面无表情，甚至影响正常的生理现象，等等。

兰兰：老师，您说的心理与身体症状，我身上都有，看来我的困惑心理问题不轻呀。那我该怎么办呢？您给我出个好主意。另外，引发困惑心理的原因是什么呢？是不是同学们都像我一样呢？

心理专家：据我所知，大多数同学有困惑心理，但是与你不太一样，他们没有你这么严重。你要有所警觉，尽早从困惑中走出来，形成自己的认知与决断。其实，引发困惑的原因有主观的，也有客观的，客观原因是当下的社会环境和条件的干扰，主观原因是个体需求多样性，想得到这个，还想得到那个，也就是说欲望太多。古人云："鱼与熊掌，不可兼得。"还有一个重要的

考研引发的心理问题

原因，是由于个体知识的宽广面不够，往往出现思维单一化，也就是说容易钻牛角尖，不善于换个角度思考问题。如果你能换个角度思考问题，事情也就好解决了。我可以给你提供一些正确看待问题的方法，具体该怎么办，还得你自己来定，别人是代替不了的。

兰兰：太好了！老师，您说到我的心里去了，您接着说。

心理专家：其实，事情很清晰，也很简单，考研究生也好，工作也好，都有道理，应根据个人的情况而定。首先，要学会权衡利弊，根据自身条件，找出当前最重要的和非重要的。重点明确了以后，余下的事情就好决断了。其次，要有人生的高度，站得越高，看得越远，有些问题就不是问题了。可以多看看名人传记，了解一些伟人的成长经历，你的人生就可能上一个大台阶，看问题也就豁然了，想问题也就通达了。第三，要学会抉择，不能芝麻西瓜一起拣，要学会拣最重要的事情、适合自己特点的事情，不宜人云亦云。第四，要学会科学比较、科学遴选，把所有的选项罗列出来，根据自身实际，逐一进行对比，找出最优的那一项，就是你最后的决定。第五，要知道扬长避短的道理，找到自己的优点，找到能发挥自己优势的道路，这就是决断的依据，也是避免困惑的最佳方法。

第六，一定要有自信。自信就是充分地相信自己的判断与行动，这是最好的灵丹妙药。第七，务必尊重客观，不能脱离客观情况思考问题，因为人不是生活在真空当中，客观环境、社会因素、家庭情况等，都需要认真考虑，要从大处着眼、小处着手，知行合一，这样才能做出理性的、符合客观实际的、适合自己发展的决定。这里提醒你一句，自己的事情只有自己决断，任何人都无法代替你。

兰兰：谢谢老师。您给我上了一堂深刻的人生教育课，您就是我的人生引路人。我现在不困惑了，知道该怎么办了。

心理专家：好，希望我的建议对你能有用。只要静下来，学会独立思考，问题就会迎刃而解，就没有那么多的困惑了，更不会有二选一的痛苦抉择了。

心理专家提示

大学生在求学阶段遇到各种问题、各种困惑是很正常的事情，不要大惊小怪，更不要认为是很严重的事，只要平时多学习，提高认识问题的能力，养成全面客观思考问题的习惯，明白知行合一的重要性，困惑心理的问题就不是问题了。

2. 听说这个专业竞争激烈以后

真实事件

研究生考试进入了准备的关键阶段，同学们都认真复习，有的去图书馆找资料，有的去研究生培训机构学习，有的去找老师咨询，只有小强饭也不吃、脸也不洗，呆呆地坐在宿舍的床上，面对堆积如山的研究生考试资料，看也不看。

关心他的同学走到他身边，问他是不是病了，需不需要帮助，有什么心事。他一言不发，面无表情地摇摇头，冷冷地拒绝了同学们的帮助与安慰。连续几个夜晚，他独自悄悄地哭泣，好像遇到了什么难事。

同学们都担心他遇到了什么事情，急忙报告了心理专家。

心理专家带小强走进了心理疏导室，让喜欢音乐的小强听了《十面埋伏》《蓝色多瑙河》等曲子。听着听着，小强的脸上有了表情，滔滔不绝地说出了心里的秘密。

大学生心理问题解决方案

心灵交流

心理专家： 曲子好听吧，不开心的时候听上几曲，心里就敞亮了，烦恼的事也就消失了。信任我的话，说说你最近遇到了什么事，咱们共同努力、共同想办法，相信情况不会那么糟，一切都会好转的。

小强： 唉！我就感觉我挺倒霉的。我特别想考研究生，进入大四以来，憋着劲儿要考我喜欢的专业，资料买了许多，每天除了上课学习以外，就是复习考研究生的内容。前不久，听说这个专业招的人少了，许多名牌大学的学生都想考，竞争十分激烈。我感觉渺茫了，本来我的成绩就一般，根本没法跟名牌大学的同学竞争。前几天，我参加了一个研究生培训机构的模拟考试，我的成绩都上不了线，让我考研的激情都没了。现在我真的对考研究生没有了兴趣，当一天和尚撞一天钟，期盼着赶紧大学毕业，找个工作，安稳下来算了。可是我的内心又不甘，怎么办呢？

心理专家： 内心不甘，说明你的内心尚存着希望，有了这点希望，你就有可能完成最后的冲刺，实现当初的梦想。

考研引发的心理问题

小强：唉！听别人说这个专业太难了，竞争的对手又非常优秀，我比不过他们。

心理专家：先别说难，想干任何事情都难，人们就是在困难中一天一天走过来的。只有勇敢地面对困难，才是生活的强者，才会领悟到成功的喜悦。你现在是畏难情绪过大，不能坚持复习，自动放弃考试，其实就是逃兵，这样的心理状态得不到人们的尊重，以后会让你遇到更难的事，难道你想寸步难行吗？难道你忘了自己的梦想吗？

小强：不想寸步难行，不会忘记当初的梦想，更不会忘记父母的嘱咐。可是我该怎么办呢？这个专业竞争那么激烈，哪有我的份啊。老师你说我畏难情绪过大，能不能具体解释一下畏难情绪呢？我还能不能考这个专业呢？

心理专家：好呀。其实畏难情绪指的就是人遇到有难度的事情或棘手的问题以后产生了想退却的心理，也可以说没有毅力，内心被懒惰占据了。有畏难情绪的人，往往不能发挥自己的潜能，缺乏自信心，遇事总往坏处想，悲观消极，前怕狼后怕虎，想得多、做得少，说得多、行动慢，最终是一事无成，很可悲呀。不愿付出艰辛的努力，不肯付出辛勤的汗水，就算机遇就在眼前，也抓不住。考不考这个专业，你自己决定，我只是给你提供一些战胜畏难情绪的办法。

小强：太好了！有什么办法呢？

心理专家：办法很多。要记住：一切困难都是纸老虎，没有什么好怕的，更不要畏惧什么。生活中、学习中，遇到的困难各种各样，难度也不等，要有效地克服畏难情绪，应该尽力做到以下几点。

小强：哪几点呢？

心理专家：一是要记住，天上没有白白掉下来的馅饼，任何成绩和收获都需要付出，想取得什么样的成就，想达到什么样的目的，必须付出相应的努力和辛劳，也就是说"功到自然成"。我们回头看看以往的成功人士，他们共同的特点都是不畏艰难，付出最大的努力，锲而不舍，最终获得了成功。当代大学生要想有所作为，要想成为有用之才，就要不怕苦、不怕累，敢于与别人竞争，战胜懒惰和畏难心理，想方设法克服困难，刻苦学习，脚踏实地地前进。二是要相信自己是最优秀的，不要轻易动摇自己的意志，决定的事情就要办好、办出结果，有始有终。只有足够的自信心，才能战胜畏难情绪，把困难当成通往成功的台阶，要乐对人生，笑迎未来。三是要平时多读书，多读励志的书，多从成功人士的身上吸取优点，让自己的心宽起来，增强心理承受能力，经得起各种挫折和打击。要知道，失败并不可怕，可怕的是怕失败、自我放弃。要明白坚强的道理，只要自己坚强了，困难也就变弱了。四是要学会理性分析，切不能盲目自大自信。要善于分析困难，找出困难的实质；要善于对自身的能力进行正确评估，制订出战胜困难的具体措施，要打有准备之仗。五是要主动求助于学校的老师、考研指导中心，请求他们给予更多的科学指导，大胆地向优秀的同学学习，请教考研经验。不要把困难隐藏在心里，也不要自己硬抗着，要相信组织的力量和同学的力量。

小强：老师，我现在的心情好多了，好像又有勇气考我喜欢的专业的研究生了。没有什么可怕的，不去面对困难，怎么会成功呢？

心理专家提示

人生的道路很漫长，大学毕业阶段是一个特殊的阶段，大学生往往会遇到很多的困难。其实困难和机遇是并存的，当你把困难当成了机遇，就说明你的内心足够强大了、足够自信了、足够乐观了，迎难而上才是当代大学生应有的心态。

恋爱引发的心理问题

1. 第一次见面就遭到了"骚扰"

真实事件

琴琴是在读研究生，生性腼腆，善良美丽。眼看快要毕业了，她看见室友们都"恋"得热火朝天，自己也有些着急。

最近，关心她终身大事的女同学多了起来，向她示好的男生也开始多了。奇怪的是，室友发现她每次与男生见面回来后，都脸色难看、心神不定、特别焦虑、唉声叹气，显得很沉闷，书也不愿意看了，论文也不愿意写了。后来，她竟然情绪低落，不爱讲话了。女同学热情地给她牵线，而她却再也不愿意去见面了。由于情绪不好，她学习不专心了，脾气也变得怪了，经常因为小问题与同学吵架。

恋爱引发的心理问题

以前，她每天按时起床去食堂吃早饭；现在，她不愿意起床去吃饭了，总赖在床上。白天，她上课无精打采，稀里糊涂的什么也记不住，也没有食欲，经常不吃饭；晚上，她不与同学交流，也不去图书馆，早早回宿舍休息。由于不注意营养，睡眠不好，她身体也出现了异常反应：头皮屑增多，经常性的头痛，月经也乱了，总感到身体不适。看上去像是大病过一场的人，没有了女大学生朝气蓬勃的精神气。

系里一个非常优秀的男生追求她，可是她与那男生见面才三次，就痛苦得再也不想去了。姐妹们发现她这个情况后，问她是不是有什么心事，是不是遇到了什么困难，她总是一脸乌云，低头说没有什么事情。以后，女同学再给她牵线时，她就坚决拒绝见面了。

妈妈来学校看望她，感觉她变了，关心地问她情况。她却吞吞吐吐地不愿意回答，妈妈只好带她去找心理专家。

心理专家利用暗示法，很快便使她把积压的情绪宣泄出来了。原来，她比较传统，把爱情看得很神圣，认为爱情应该是最纯洁的。当她走进大学校园后，刻苦学习，考上了研究生，眼看着研究生要毕业了，第一次恋爱接触男生时，男生竟然毫无顾忌地要与她拥抱与接吻，顿时使她面红耳赤，她感到要窒息了，挣脱着跑掉了。逃跑的过程中，还听到男生说："都二十一世纪了，怎么还这么保守。"回到宿舍，她感到呼吸困难、恶心，认为男生亵渎了纯真的爱情。

当宿舍女生给她介绍第二个男生时，刚第二次约会，男生就强烈要求与她接吻，她恐慌得不知如何处理，匆忙中又跑开了。与第三个男生见面时发生了类似的情况，吓得她不知如何面对。从此，她感到男生都是丑恶的"野兽"，不知廉耻，不懂得爱情是圣洁的。慢慢地，她心里再也没有想与男生接触的"火花"了，对学习与生活也没有了兴趣，心情郁闷，每个月的例假也没有了规律。

根据琴琴的述说，心理专家认为，琴琴由于受传统教育多，对自己要求严格，始终把爱情看作最神圣、最纯洁、最美好的，不允许有一点玷污。当男生喜欢她，有"亲密"动作时，她没有心理准备，感到了恐惧与恶心，进而对异性朋友产生了惧怕，最终导致了抑郁心理。需要及时排解与疏导，让她尽早恢复正常，树立正确的恋爱观，能专心学习，健康生活。

恋爱引发的心理问题

心灵交流

琴琴：我现在真的没有恋爱的欲望了，男生太流氓了。

心理专家："男大当婚，女大当嫁"，男女到了谈婚论嫁的年龄，恋爱是很自然的事。人有求爱的自由，也有被爱的自由。爱情无论多么伟大、纯洁、高尚，相爱的双方也要有身体接触。当你与喜欢的男生约会时，要首先知道男女青年在性心理发展方面的差异。男生一般希望能较快地有身体接触，在这种情况下，他就有可能向你表露出握手、拥抱、接吻的要求，但由于你羞涩，你暂时不愿意接受这要求，可以巧妙地拒绝。

琴琴：男生这样急迫，我怎么巧妙地拒绝呀？

心理专家：你可以对他表示微笑理解，并用安慰的口吻对他说："我希望你是一个有毅力、有理性、懂得尊重女生的男生。"然后再补上一句："我们还有下一次，下下次，只要互相了解了，相信不会让你等得太久。"这样，不仅使你在他面前显得端庄，同时，也可以使气氛变得轻松，不造成尴尬的局面，使他能从容地摆脱僵局。

琴琴：男生的手为什么不老实，总想摸着我的手呢？这是最让我讨厌的地方。

心理专家：男生总想摸着女生的手，常常会使女生感到不自在，产生顾虑和反感。恋爱刚刚开始的阶段，对于比较内向的女生来讲，出现这种顾虑是正常的。从生理学与心理学的角度来解释，男性具有较强的"异性接触欲"。现实生活中，讨厌接触女生的男生是很少的。

琴琴：正常的男生在恋爱时应该是什么样的呢？

心理专家：一个正常的男生在和他的恋人约会时，通常都渴望能够有进一步的接触，如握手、拥抱、亲吻等。其实这都属于自然的心理，除了获得肌肤接触的快乐外，也许还希望确认彼此的关系，证明彼此之间爱的存在。大量的调查发现，许多男生在恋爱阶段总想以各种方式接触女生身体。男生想接触恋人的初级阶段一般会做出各种试探，全神贯注地观察女生的细微变化，然后才进行接触，通过这种方式把自己的全部心愿传递给恋人。如果双方谁也不敢接触谁，怎么传递爱情信号呢？怎么继续发展下去呢？对于男生的这种"亲密"举动，千万不能笼统地说他是不正经，也不要过早地说男生亵渎了爱情，更不要把男生都看成丑恶的"野兽"。现实生活中，由于不知道怎么爱，不善于表达爱，甚至不敢表达爱，会错过很多机会的。

恋爱引发的 心理问题

琴琴：在以后的恋爱中，我该怎么办呢？

心理专家：分析许多成功的恋爱男女生，不难看出，只要是健康向上的爱，就不要害怕对方传递的爱的信号，就不要有太多的顾虑。当你看准了目标，发现了喜欢的男生时，请不要胆怯，不要轻易拒绝男生的"亲密"动作，因为每一个机会都是宝贵的。另外，在谈恋爱时，女生要保持冷静的头脑，自尊、自爱、自重，绝对不能偷吃"禁果"。在原则问题上，坚决不能让步。只要你相信自己、相信对方，用真挚的感情和理智的态度去对待爱情，相信属于你的真正的爱情就会到来。

琴琴：我知道以后恋爱时该怎么对待男生的亲密动作了。

心理专家提示

一些女生对恋爱很茫然，对怎么去爱、怎么被人爱、怎么接受恋人发出的"爱"的信号一无所知。由于没有充足的心理准备，当面对男生突然提出的"亲密"要求时，女生会感到恐惧与焦虑，甚至出现沮丧与不安，头脑中产生罪恶感，直至出现"恋爱障碍综合征"，不仅影响了身心健康，还耽误了自己的美好生活。

女大学生应该以学业为主，但是到了恋爱的年龄，应大大方方、主动地学习有关恋爱的知识，了解求爱的方式与方法，懂得如何接受爱、维持爱与发展爱，以便在真正的爱情到来时能从容对待。

2. 喜欢又不敢说出来

真实事件

读大三的梅子长相一般，皮肤微黑且粗糙，没有一个男生主动向她表达交朋友的意愿。最近，情人节快到了，她看见一些女生接受了玫瑰花，被男同学悄悄约走，谈天说地，有说有笑，内心烦恼起来。她总是梦想着有一位白马王子出现在自己身边，温柔地把她抱上马背，两人驰骋在鲜花丛中，憧憬着美好的爱情。

周日下午，她去图书馆，对面桌子旁边坐着一位帅气的男生，这位男生是大学学生会古诗词兴趣小组的组长，对古诗词研究颇深，经常组织同学们朗诵古诗词。她对这位男生早有耳闻，只是没有近距离接触，现在这么近距离地看到他，内心激动不已。她偷偷地看了男生好多眼，感到心跳加快，呼吸急促，大脑一片空白，书都没法看下去了。半个小时后，男生站起来，礼节性地冲她微笑了一下，友善地看了

她一眼，转身走了。

梅子呆呆地看着男生的背影，想着刚才男生的微笑和眼神，竟然想到了与男生走进了婚礼殿堂的情景：玫瑰花、掌声、戴戒指、司仪引导两人宣誓、亲人的祝福……

走出图书馆，她内心沉浸在憧憬爱情的幸福当中，觉得自己是最幸福的人，看什么都是美好的。

回到宿舍，她看着冷冰冰的床和散乱的学习用品，一种无名的失落感油然而生，感觉自己是最可怜的人，期盼着图书馆偶遇的男神手捧鲜花，进入宿舍，拥抱自己。一直等到深夜，心中的男神也没有出现，她开始胡思乱想了，一夜没有睡觉。

第二天早上，她头晕眼花，赖在床上，不去吃早饭。快上课了，同学们都出门了，她懒懒的样子，期待着起床时心中的白马王子出现，给她送香喷喷的早点，拉着她进教室上课……

上课了，教授点名，发现她没有到。同学们赶快回去找她，发现她还赖在床上，自言自语地乱说着"白马王子来了……"

同学们感觉她不对劲，急忙拉她去见心理专家。心理专家没有立刻追问，而是给她冲了一杯冰糖菊花茶，带着她

恋爱引发的心理问题

观看心理疏导室内的金鱼、热带鱼、月季花、海棠花、茉莉花、菊花、兰花、水仙花……

心灵交流

心理专家：喜欢花吗？知道花为什么好看吗？

梅子：喜欢花，花好看，还有香气，别的就不太清楚了。

心理专家：你说得很对，但只说对了一半。花有香气，大家喜欢闻香，这是自然的事儿。其实，人也是如此，只要善良、诚实、腹有诗书，全身都会散发出自然的香气。此外，花之所以被人喜欢，还因为花开放时没有任何保留，把所有的秘密都暴露在大自然中，让人看得清楚、看得明白，所以人们爱花、赏花、护花。

梅子：俗话说"女人如花"，我也是个小女生，怎么没有感到有人怜悯和呵护呢？我的白马王子现在在干什么呢？他怎么不来看我呢？他是我的，谁也别想把他抢走。他太帅了、太儒雅了，我简直为他疯狂了，他太喜欢我了……

大学生心理问题解决方案

心理专家：你说他太喜欢你了，有没有具体的行动呢？比如，问寒问暖，倾听你的意见，主动帮助你干力所能及的事，鼓励你好好学习，鼓励你多读书，让你感到快乐，在你最困难、最需要他的时候立刻出现在你的面前……

梅子：没有具体的行动，可是，我觉得他会这样，我最喜欢他了，他也应该最喜欢我吧。

心理专家：你这是自我推测、自我欺骗，感情这事情可不是一厢情愿，也不是一个人说了算。你问过他喜欢你吗？喜欢你什么呢？

梅子：没有问过他，也不知道他喜欢我什么。

心理专家：我觉得你这是一厢情愿，有点自作多情了，也就是人们常说的单相思吧。你喜欢他是你的权力，可是你又不敢问她喜不喜欢你，完全处于幻想当中，让自己在现实中很痛苦，不能自拔。这样下去，人会被拖垮的，也容易出现精神问题。建议你赶快从虚幻的爱情中走出来吧，不要再继续单相思了。大学生应该把精力放在学习上，不宜过早地恋爱，甚至考虑婚姻问题，以免荒废了学业，忘记了初衷，一事无成。

梅子：我也不想荒废学业，我也记得上大学的目的是什么，可是，我就是喜欢他，难道这就是单相思？

恋爱引发的心理问题

心理专家：是的，这就是单相思。所谓的单相思是指男女间仅仅一方对另一方的爱慕之心，这实际上就是在自我观念之中搞热恋，而一旦这种虚幻的热恋破灭，热恋者就会坠入单相思的爱情漩涡中痛苦地挣扎。有的人会被折磨得死去活来，内心的痛苦滋味无法用语言表达；有的人终日郁郁寡欢，泪流满面，不思饮食；有的人会产生幻觉，出现痴情状态，引发精神错乱，造成严重后果。

梅子：老师，单相思这么严重，有好办法克服吗？我可不想单相思。

心理专家：如果不及时纠正偏差，越走越远，越陷越深，后果无法估量。现在，你已经有想克服单相思的想法了，这是好的开端，只要你配合，咱们共同努力，一定会克服单相思的。

梅子：老师，请您具体说一说适合我的好办法，好吗？

心理专家：好，我详细地讲给你听。首先，要活在现实当中。现实就是客观存在的事实，不能把认识他，或者见了他一面，互相笑了笑、看了看，就当成爱情了。认识或者见了一面，距离爱情还差十万八千里呢。自我感觉良好，以至于出现错觉，最终会害人害己。其次，大大方方地问问对方，或者采取委婉的方式试探对方，摸清楚对方对自己的看法。如果对方喜欢你，自然愿意跟你接触和交流；如果对方对你一点感觉也没有，就要及时收心，做普通朋友。第三，要务实，要有自知之明，要学会客观地看待问题，理性地对待问题，尤其是对待恋爱问题，千万不能自欺欺人，要学会自我疏导、自我解脱、自我走出困境。要清楚地认识到，恋爱是两个人的事，任何单一的热情，都可能是海市蜃楼，长久不了。应该拿出勇气，敢于面对虚幻的热恋，学会冷处理，保持一颗平静的心。第四，要学会分清主次，清楚当前的主要任务是什么。毋庸置疑，是认真学习，圆满完成学业，掌握更多的知识和技能，为将来立足于社会打下坚实的基础。大学还不是谈恋爱的最佳时期，如果过早地把精力放在恋爱的问题上，不仅会影响学习，还可能把自己搞得一团糟，甚至荒废了学业，得不偿失。如果你把精力都放在学习上，哪还有精力去单相思呢？哪还有时间过度地想恋爱的事情呢？第五，大学期间，一定要拿出一部分时间和精力，积极主动地参加集体活动。在活动中，与同学们积极交流，找到真正的友谊，找到快乐，找到自身的价值。参加活动的另外一个优势就是可以转移注意力，可以使你从单相思的死胡同中走出来。第六，敢于把自己内心的烦恼和痛苦说给老师和亲近的同学听，与他们真诚地探讨恋爱的问题，很快你就能知道这种恋爱是不是健康的，是不是理性的。有

恋爱引发的心理问题

些事说出去了，讨论明白了，心中也就敞亮了，也就不会那么执着了，更不会硬往牛角尖里钻了。第七，要有远大的理想和志向，要有真才实学，要提高个人的素养。举手投足间都带着自信和美，才能得到同学们的尊重和认可，才可能赢得真正的事业与爱情。

梅子：我心情好多了，我确实是在单相思，我怎么这么糊涂啊，我这不是犯傻吗？看来我要把精力转移到学习上去了，不再胡思乱想，也不再期待白马王子的到来。

心理专家提示

大学生一定要有正确的恋爱观，平时可以学一些恋爱知识，知道感情是什么，问问自己为什么谈恋爱，现在是不是谈恋爱的时候。要抓住重点，明白当下最要紧的是什么，而不是盲目地去恋爱，甚至被爱情冲昏了头脑。只要刻苦学习，提高自身修养，有健康的恋爱观，爱情自然而然就会来到你身边了。

与人交往引发的心理问题

1. 感觉自己比别人"矮三分"

真实事件

毛毛终于考上了大学，圆了自己的梦想，带着快乐与希望进入了大学校门。可是，进了校门以后，他看见学校里来自祖国四面八方的同学们个个光鲜亮丽、意气风发、俊秀无比，特别是看见有的同学拿着智能手机发微信，有的同学拿着智能手机玩自拍，又羡慕又新鲜，不好意思地低头看看自己的衣服和鞋子，拿出镜子，看看镜子里又黑、又瘦、又矮小的自己，顿时觉得自己很土气，莫名其妙地产生了"矮人三分"的念头。他低头赶快办理了入学手续，找到自己的床位，躲在犄角旮旯里沉思，一脸的苦相，不愿意和任何人交流。

与人交往引发的心理问题

有的同学喊他去吃饭，他摇摇头拒绝了；有的同学喊他去打球，他摇摇头说不会；有的同学喊他去散步，他摇摇头说懒得动；有的同学喊他去图书馆，他又摇摇头拒绝了；有的同学喊他去大礼堂听专家的报告，他摇摇头说没有兴趣……渐渐地，同学们都不愿意接近他了。助教知道这一情况后，热情地把他带到心理疏导室，请心理专家帮助他打开心中的结扣。

心理专家没有直接询问他，而是给他递了一杯带着香味的、热气腾腾的咖啡。毛毛第一次喝咖啡，闻着咖啡特有的香味，小心翼翼地品尝了几口，顿时感到一股清新的气流经过喉咙，融入全身，感觉大脑清醒了，有了精气神了，脸上也有了笑容，话匣子打开了。

心灵交流

毛毛：老师，我家是农村的，说实话，我连县城都没有去过，更没有见过城市的高铁和地铁，当我走进这么漂亮的大学校

大学生心理问题解决方案

园以后，看见这么多以前我没见过的人与物，看见同学们穿戴光鲜，人人有智能手机，我的脑子都蒙了，感觉自己是另外一个世界的人，不敢看同学的眼睛，不敢与同学一起外出，生怕同学们嘲笑我，现在我的内心有很多说不出的痛苦，抓狂得难受，有时甚至想找个地缝钻进去，让他们谁也看不见我。

心理专家：我非常理解你，慢慢地就适应了。其实同学之间、同学与老师之间都是平等的，没有什么高低贵贱之分，你现在有了"矮人三分"的想法，是你自己的内心在作怪，可能或多或少有一些自卑心理。

毛毛：啊？我有自卑心理呀，您能不能给我具体讲讲自卑心理呢？

心理专家：咱们边喝咖啡边聊自卑心理。其实，我也是农村出来的，与你差不多，后来经过努力留校做了心理老师。当初，我也有你这种"矮人三分"的心理状态，也有一点自卑，后来，在老师和同学们的鼓励和帮助下，我勇敢地抬起了头，面对各种情况，刻苦学习，终于战胜了自卑，实现了我的人生梦想。

毛毛：老师，那咱们还有相同的经历呢，看来我到您这儿来是来对了，您能不能具体谈谈呢？

心理专家：自卑其实没有什么好怕的，只要克服内心的魔

与人交往引发的心理问题

咒,就会冲过障碍,成为勇敢、坚定、自信和乐观的人。所谓自卑心理,一种是由于人们经历了过多的坎坷,多次遭受挫折,或者长期在困境中生活,自己把自己看得过低;另一种是由于自身的生理、心理缺陷或其他因素而产生的轻视自己的心理异常反应。自卑心理如同恶魔一样,一直压抑着人的内心,这个精神枷锁若不打破,你就会永远生活在无限的黑暗与痛苦之中,一直处于挣扎、挣扎、再挣扎的状态,极其痛苦。正常的人,一旦产生了自卑心理,往往会出现排他性,不愿意与人交往,如同孤雁一样,整日唉声叹气,悲观失望,没有一点精神气,不思进取,自我消沉,不愿意参加各种集体活动,甚至对生活和未来都失去了信心,不但影响自己的生活与学业,还会影响身边的人,使身边的人也产生冷酷与淡漠的情绪,后果难以预料。

毛毛:老师,我知道了,自卑原来这么可怕呀。那我应该怎么克服自卑呢?您给我出出主意,谢谢您了。

心理专家:实践证明,自卑心理对人的成长十分有害,危害的严重性无法预料,有可能会影响人一生的成长、发展与进步,要及早克服,让自己的内心强大起来。我个人的体会是,要克服自卑心理,首先要树立勇敢的、自信的、坚强的心,不以高低贵贱看左右,更不要与任何人比这比那。其实人之一生十之八九是不容易的，有的人看着光鲜亮丽，内心的苦恼可能比你还严重，但是他们还会乐观地面对现实、面对未来，这是值得人们学习的地方，而不是学习穿什么、带什么、玩什么、用什么、吃什么。物质上的匮乏并不可怕，可怕的是精神上的匮乏。其次是不能怀疑自己的能力，不要认为自己这也不行、那也不行，这也不如人、那也不如人，总是回避别人，总是躲着走。你没有去实践，怎么能说自己不行呢？第三，要战胜自己。其实，自卑最大的问题就是否定自己、贬低自己，只有自己欣赏自己、相信自己、鼓励自己，树立起强大的自信心，才能真正消除自卑心理。第四，要学会客观地看待别人，客观地看待自己，实事求是看待任何眼前的事物，不要过高地看待别人，也不要过分地否定自己。其实每个人都不一样，都有优点和缺点。大学的同学其实是很朴实的，相差不大，你经历的可能别的同学没有经历，别的同学还在羡慕你。我记得有一个案例：一个大学生上中学时，常年坐他爸爸的奔驰轿车，他最羡慕的是什么呢？说出来恐怕你都不相信，是同学们坐在爸爸妈妈的自行车的后架上。所以说啊，不要轻易地否定自己，这样就会让你的内心保持自然、平稳，自卑心理也就逐渐消失了。第五，大学期间要主动与同学们接触和交流，发挥自己的特长和优势，多参加各种活动，通过活动，磨炼自己的内心，让自己更加坚韧，从而更加明白做人的道理。第六，如果实在感觉心里压抑，不要憋屈着，应该主动找同学、找老师、找辅导员倾诉自己的内心感受，说开了，心里也就敞亮了，逐渐就会释然了。

毛毛：老师，我现在觉得自己与同学们一样了。我会好好努力，尽早与"自卑君"说拜拜。

心理专家提示

克服自卑的办法就是战胜自己的内心，敢于敞开自己的心扉，刻苦学习，开阔自己的视野，知道尺有所短、寸有所长的道理，知道人无完人、金无足赤的道理，想方设法把自己融入集体的生活，在同学们的鼓励与帮助下，找到自信，找回真实的自我，勇敢地面对未来。

2. 聚会AA制以后，决定不参加任何活动了

真实事件

小江上大二了，平时非常节俭，花一角钱都要计算，平时自己没有下过一次饭馆，在同学们的眼中他就是特别抠的人。明天就是他们入学一百天的纪念日，六个室友一起相约去餐厅庆贺一下。这家餐厅比较高档，吃过饭以后，领头的同学说是AA制，饭费一共300元，每个人平均50元。小江听说自己要花50元，碍于面子，又不好不给，极其不高兴地给了50元，闷闷不乐地走回了学校，他暗自想：以后再也不参加任何活动了。

说到做到，从这之后，无论是室友的活动、班里的活动，还是院里的活动、学生会的活动，小江总是找各种理由拒绝参加。同学们发现他这种情况后，慢慢地都对他敬而远之了。一天，一位同学生病住院了，几个同学邀请他一起去医院看望，他问同学需不需要花钱买礼物，同学

与人交往引发的心理问题

们说AA制，买一个简单一点的花篮或果篮，送生病的同学一个好心情。他摇头摆手，说自己有事，去不了，扭头走远了。

同学们望着他的背影，感觉他变得陌生了，再也不愿意与他交往了。一天，他不小心扭伤了脚，行动不方便。有几个同学发现后，装作看不见，扭头走开了；还有几个同学若无其事的样子，对他不屑一顾，继续玩微信聊天……他看见同学们对他这样冷淡，内心既恼怒，又无奈，感到世态炎凉，唉声叹气地板起面孔，一副横眉冷对的样子，好像谁都对不起他似的。

周末，同学们都出去玩了，他脚不方便，一个人孤苦伶仃地躺在床上，越想越觉得自己孤独、难受、可怜，竟然哭了起来。

助教巡视宿舍，听见室内有哭泣的声音，急忙走进来，发现小江一边哭，一边抹眼泪，急忙搀扶着他走进了心理疏导室，让心理专家帮助他解开心里的疙瘩。

心理专家播放了《四面埋伏》的曲子，琵琶的弦声，逐渐使小江的内心敞亮了起来，话匣子也打开了。

大学生心理问题解决方案

心灵交流

小江： 同学们的心怎么这么狠呢？看到我的脚伤了，也不帮帮我，真是世态炎凉啊。

心理专家： 先不要这么给同学们下结论，有句老话说得好：你对别人怎样，别人就会对你怎样，谁也逃不掉这个定律。如果一个人总是以个人为中心，小气抠门儿，没有付出、没有奉献、没有友情，那么当他遇到事情的时候，当他需要别人帮助的时候，可能就得不到别人的帮助了。

小江： 可是，我就讨厌为别人花钱。一是因为我们家里比较贫困；二是因为我自己也有勤俭节约的习惯；三是我从小穷怕了，我真的从心里不愿意给别人花钱，觉得每一分钱都是父母给的，给别人花了，我心里很不安，觉得很对不起父母。难道这也有错吗？

心理专家： 你勤俭节约是好事，珍惜每一分钱也是好事，你心里有父母，不愿意浪费父母的每一分钱，更是美德。

小江： 既然是好事，怎么同学们这样对待我呢？我看不惯他们乱花钱的坏毛病，所以也就不愿意跟他们一起外出活动了。

心理专家： 咱们先不急着给同学们下乱花钱的结论，只是就

与人交往引发的心理问题

事论事。刚才我只说了一半，谈到了你的优点，但是我们再仔细想一想，往深层次思考，往人与人之间相处的方向上考虑，每个大学都生活在一个温暖、热情、积极、向上的集体生活中，在集体生活当中，除了有独特的一面以外，还要有与这个群体融合的一面，二者缺一不可。

小江：融合在这个群体里，这不是让我随波逐流吗？我可不想人云亦云，轻易地随从别人。

心理专家：你不愿意轻易地随从别人，有自己的主见，有自己的思考，这是好事也是优点，但是你应清醒地认识到"随从"二字的客观性。所谓客观性，就是"随从"二字有两个方面的含义：其一，积极且符合常理的随从，这是应该提倡和积极支持的；其二，消极且违背常理的随从，这是要坚决克服掉的。这二者是有本质区别的，你要有清醒的认识，这样才能与同学们搞好关系，把自己融入大学的生活，在集体中感受到温暖与快乐，感受到真诚与幸福。大学生学会沟通、善于沟通、掌握沟通的技巧很重要。

小江：老师，您说得太对了，这也是我非常苦恼的地方。现在，我既想有自己的主见，又不愿意轻易地随从同学们，你说我该怎么办呢？我也想与同学们相处得好，可是我真找不到与同学

大学生心理问题解决方案

们沟通的好办法啊!

心理专家:你想改变自己,期盼着自己能与同学沟通好,这是积极的一面,是好事儿。其实,与同学们沟通并不复杂,同学们来自五湖四海,大家共同的目的是来求学、长知识的,只要努力做好两个方面的事情,就会改善与同学们的关系了。也就是说,你就学会沟通了。

小江:哪两个方面呢?

心理专家:一是要加强学习,提高自己正确认识事物的能力,能准确判断出事物的真与伪、对与错。比如,同学生病,大家一起去看望,AA制买个花篮或水果篮你就应该积极参加,这样才能体现出关爱、友情与温暖。如果你经济拮据,也可以真诚地提出合理的建议,如,给生病的同学制作不花钱的小礼物,给生病的同学送去一场自编自导的"演唱会",给生病的同学拍摄一些学校的学习与生活的视频,给生病的同学洗衣服,等等。只要不是铺张浪费,能给同学带去温暖与爱心,就应该主动与大家一起行动,这样,同学们才会认可你、接纳你。二是要知道礼尚往来的道理,知道付出与奉献是一种美德,知道大度与仁爱的重要意义。有些事情不一定非要花钱,大学生大多是纯消费者,勤俭节约是美德,只要能自己做的,只要是能不花钱或者少花钱的,

与人交往引发的心理问题

都可以积极地去做。真正的同学友谊不在花不花钱，花多少钱，而在于你愿不愿意为同学去做，做了什么；是真心地去做，还是带着其他目的去做。这是一个需要认真思考的问题。另外，大学生在集体生活当中，积极、热情、主动地参加健康向上的集体活动是最正当不过的事情了。要放下一切心理包袱，真诚、自然、热情地参加，甚至还可以发挥自己的特长，无私地出谋划策，出大力气，为集体活动添光增彩，这是赢得同学认可的关键。俗话说："日久见人心。"其实，每个大学生心里都有一杆秤，眼睛都是雪亮的，你为大家做得多了、行动得多了，他们会以同等的方式或者高于你数倍的方式回报在你的身上。那时，你就会感觉到温暖与友情无处不在了，幸福自然来到你身边，再也不会孤独、苦恼了。

小江：谢谢老师。我现在清醒了，心情好多了，知道怎么与同学相处了。

心理专家提示

人与人之间的交往，说简单也简单，说复杂也复杂，只要你自己真诚，只要你自己坦荡，只要你是热心的，只要你愿意付出，只要你不求回报，只要你愿意献出爱和热心，就能赢得大家的爱与认可。

新环境引发的心理问题

1. 入学后，发现大学生活不是想象的那么好

真实事件

去年，小雨带着激情与梦想走进了大学校门，新鲜了没有五天，就莫名其妙地产生了厌倦感，内心烦躁不安。一日三餐，走进食堂，看见饭菜不想吃，偷偷地去饭馆买喜欢吃的饭菜。学校的公共浴室她不愿意进，嫌那里人多、杂乱、水龙头水量小、异味严重，竟然去附近的宾馆开房间，只是为了洗个澡。她不愿意在宿舍里待着，嫌人多、杂乱，不愿意闻宿舍个别同学的臭脚丫子味，听不惯个别同学打呼噜，看不惯个别同学脏乱差的行为……

课上，遇到老师讲得好、自己又喜欢的科目，她还有点学习兴趣；对于不喜欢的科目与老师，她就逃课或在课上

新环境引发的心理问题

"开小差"，从内心准备放弃不喜欢的科目。

每天给家里人或中学的朋友发微信，说的都是负面的话语，如没有意思、活受罪、白白浪费时间与生命、没有前途、煎熬着……

父母知道她的心情不好后，非常着急，天天为她忧心忡忡。问多了，她反感；说话不符合她心意了，她不回复，或干脆关闭手机。闹得父母不知如何是好，几乎天天焦虑，严重干扰了家庭的正常生活。

一天中午，她躺在床上休息，忽然闻到旁边同学的臭脚丫子味，感到心慌、恶心，急忙去了医务室。医生检查后发现，没有什么疾病，是情绪不稳定引起的，建议她好好休息，放松心情。她哭着说不想上学了……

负责任的校医急忙把她带进了心理疏导室，请心理专家帮助她打开心结，走出阴霾，尽快适应大学生活。

心理专家养着一只可爱的小猫，看见哭泣的小雨，没有着急询问，而是把小猫给了小雨。小雨很喜欢猫，与小猫玩了一会，情绪恢复了正常，主动与心理专家交谈了起来。

大学生心理问题解决方案

心灵交流

小雨：老师，我怀着梦想进入大学了，可是让我很失落，觉得大学不是我想象的那样好。我有点后悔了，真没有意思。

心理专家：你能真诚、坦白地说出你的内心感受，告知我你内心的真实想法，说明你是一个很真实、很直率的大学生，谢谢你对我的信任。我喜欢你这样率真的大学生，愿意与你成为好朋友，说说知心话。放下顾虑，我们好好聊一聊。

小雨：老师，我现在进退两难，不知道还能熬多久，有打退堂鼓的想法了。

心理专家：不要着急，要学会适应新环境。其实刚刚离开家，进入大学的校门，有你这种想法的大学生不只你一个，这都是正常的心理反应，只要学会科学地思考，正确地看待问题，眼前的困难和烦恼就不是什么事儿。大学生志在四方，能进入大学就读本来就是非常幸运的。高中时你成绩优异，带着梦想、带着亲人朋友的祝福上了大学，这是你自身能力的一个证明。你有能力考上大学，就会有能力适应这个大学的环境，要有换个角度看问题的能力，慢慢地你会越来越喜欢这个大学、这个专业、身边

新环境引发的心理问题

的同学和老师，喜欢吃学校的大食堂，喜欢进入学校的大浴室，这才是真正的大学生活。能在大学里学习与生活是多么幸福的事啊！为什么在幸福当中还感觉到痛苦呢？还感觉到不适应呢？那就需要认真地反思自己了。

小雨：你这么一说，我就放心了，看来我不是特别极端的大学生。可是我想改变目前的状态和心态，应该怎么办呢？

心理专家：这其实取决于你个人对改变目前状态的勇气和决心。勇气和决心越大，成功的可能性越大。只要用阳光和自然的心态看待新的环境、对待新的人与事、乐观地度过每一天，很快你就会喜欢上大学的生活了。我现在给你播放一段视频，你不要说话，专注画面里的人，静静地看完这一段视频，特别要关注两位主人公真诚的倾诉和内心的迫切需求。

第一个视频人物：盛夏，一位清洁工清扫大学校园门口外的马路，汗流浃背，用羡慕与希望的眼光看着进出校门的大学生，自言自语："校门里面的大学生，我好羡慕你们呀！你们个个干干净净的，面带着幸福的表情，发出琅琅读书声，让我对你们充满了羡慕……下辈子，我也要进这个大门……"

第二个视频人物：寒冷的冬天，一位年轻的快递哥骑着电动车，穿着棉大衣、棉鞋，戴着棉帽子、棉手套，把快递件送到大学

大学生心理问题解决方案

门口,吃了一口硬邦邦的烧饼,喝着冰冷的矿泉水,拿出手机,通知校门里面的人取快递邮件。等待间隙,他自言自语:"校门里面的同龄人,我好羡慕你们!谁叫我以前没有好好学习呢。大门里的世界在我的眼里就是天堂呀,好想进去……"

小雨:他们——他们——他们是这样看我们的。原来,我这个大门里面的人,在外面的人看来是这样的幸福。而我现在就生活在这扇幸福的大门里,却无法感受到,我——我——我真的该自己打自己一个嘴巴子了。我这样颓废下去,怎么能对得起供养我学习、生活的父母呢?他们虽然不是清洁工,也不是"快递哥",但是他们的工作也很辛苦,我拿着他们给我的钱,却有打退堂鼓的想法,太不应该了。我有幸看到这段视频,是我的福分,如果不是他们的自白,可能我的内心还是麻木的,根本无法走出来。视频中虽然没有惊天动地的情景,但是两位主人公的言语足以触动我的内心,让我恍然大悟。现在,我知道我错了,也想回归正常。老师,我现在该怎么调整自己的状态呢?能不能具体指导指导我呢?

心理专家:知道错了,就是积极向上的表现了,说明你心地是善良的,也是积极健康的。我不能告诉你怎么办,但是,可以提供几点思路,供你参考。

新环境引发的心理问题

小雨：好呀，太感谢了！我一定把您的思路印刻在大脑里。

心理专家：其实这些思路可能你以前也听说过，只是没有认真思考过。你有这种迫切的想法了，想改变看问题的角度，调整思维方式，很快就会有不一样的效果。一是要主动接纳现实，多从积极的角度思考问题、处理问题，把自己定义为一个普通的人，没有什么特殊化，天天与同学们同吃、同住、同学习、同生活、同劳动、同娱乐。要从看不惯到看得惯，最终自己与同学们无差别了，你就成熟了，朴实大方了。二是要知道进入大学里最重要的是干什么，要明白大学是学习的地方，是求知的地方，生活越朴实越好，要把精力多放在学习上，放在与老师、同学讨论相关的专业知识上，让自己的知识领域不断扩大。试想一下，你的学习时间还不够用呢，哪还有时间想这个、想那个呀？三是要学会自立，学会给别人送去温暖，要知道如何真正地感恩，与父母和谐相处。平时在大学里学习、生活，其实哪有那么多的痛苦和烦恼啊？幸福和快乐还来不及享受呢。要多向父母汇报学习、生活的情况，多报喜，不要总是报忧。你不报忧并不是委屈了自己，可是把过多的忧愁、痛苦与烦躁给了父母，却往往对父母的伤害是最大的，而这些痛苦和忧愁究竟有你说的那么严重吗？其实，根本没有那么严重，是被你夸大了。大学生刚刚离开家

门，要学会换位思考，学会站在父母的角度思考问题。四是要真心地与同学们交朋友，敢于热情地接触同学，主动参加学校组织的各种有意义的集体活动；或是根据自己的精力与特长，适当选择几个学校正规的学生团体，如读书团体、诗词研究团体、歌唱团体、民间艺术团体、环保团体、摄影团体、绘画团体、音乐团体、扶贫奉献爱心团体等，让自己的活动多一些，大学生活才会过得充实而有意义。据我所知，现在咱们这个大学的党团群工组织好像有五十多个有意义的团体，经常有各种各样的活动，一定会有几个团体适合你。你可以认真地去考察一下，与他们谈一谈。你的天地大了，视野就广了，也就没有那么多烦恼和不适应感了。

小雨：谢谢老师。我现在内心敞亮了，感觉轻松了，知道该怎么办了。

心理专家提示

每个人进入大学校门以后都有一个陌生期，过了这个阶段，就会经历从开始的陌生到熟悉，最后到喜欢，以至于离不开的一个发展过程。大学生一定要学会尽早地适应环境，踏踏实实地学习，才能为将来奠定良好的基础。

2. 网购成瘾

真实事件

"嘀嗒"一声，中午大家正在休息，大二学生小玉手中的手机又响了，是快递员通知她去大门口取快递，这是她今天第五次收到网上订购的物品。下午下课了，她刚刚走出教室，"嘀嗒"一声，手机又响了，是快递员通知她取快递。同学们问她是什么紧俏物品，她说是几双袜子。到了晚上吃饭时间，同学们都去饭堂吃饭，她用手机上网，买了喜欢吃的云南米线与五根烤串……

网购已经成了习惯，成了她生活的一部分。为此，宿舍的同学送她一个绰号——网购玉。

星期天，她的网购快递件最多，有时超过二十单。由于网购快递件多，宿舍里的塑封袋子味道浓烈，呛得同学们吃不消。同学们对她意见很大，说了她几次，她不听，还与几个同学吵了架。

59

大学生心理问题解决方案

一天，小玉的手机出现故障了，送去修理需要几天的时间，无法网购了，急得她抓耳挠腮、坐立不安。她上课听不进去，急着下课，习惯性地掏兜拿手机，可是兜里是空的。回到宿舍后，她厚着脸皮，找同学们借手机，同学们知道她又忍不住想要网购了，故意不借给她。为此，她看谁都不顺眼，乱发脾气，见谁瞪谁。夜间也不安生，她一会儿自言自语"手机回来吧"，一会儿一惊一乍地说"手机响了"。

同学们感觉她不正常了，立刻报告了生活助教。生活助教找她谈话，还没有谈几句，她就说有快递件到大门口了，急匆匆地出去取快递。由于手机坏了，没有下订单，到了学校门口，她看见别的同学取快递，气得全身发抖，闷闷不乐地往回走，进了宿舍，摔书本……生活助教担心她过分迷恋网购，立刻拉着她走进了心理疏导室，请心理专家帮忙。

心灵交流

心理专家：微闭双眼，深呼吸，一会儿你就平静下来了。能

新环境引发的心理问题

慢慢地从头说一说发生什么事了吗？

小玉：记得刚离开家，进入大学，非常不适应，好多想吃的零食、想用的东西，只能外出购买。开始几天，我外出频繁。后来，好心的同学劝说尽量别出校门，因为前不久，一位大三学生外出，遇到抢劫犯，受到意外伤害，现在还在医院抢救。我被吓着了，从此就通过手机上网购买生活与学习用品。不知不觉，越买越上瘾，现在就是卫生纸、牙膏、剪指甲刀、饭菜我也要网购，好像不网购，就少了点什么，没着没落似的。平时，我也不愿意外出活动，几乎就是三点一线：宿舍—教室—校门口。前几天手机送去维修，无法网购了，我真是体验到了生不如死的感觉。

心理专家：我感觉你有点网购成瘾了。同学们怎么看待你网购呢？

小玉：嗨！别提同学了！他们都不舍得花钱，看见我天天网购，忌妒呗！还有几个同学总是私下议论我，还指责我，说塑封袋子有味儿了，拆盒子的声音打扰她们了……同学们的事怎么这么多呀？怎么心胸这么狭窄呢？气死我了。

心理专家：你不能这么议论同学们吧，大家生活在一个宿舍里，确实要保持相对安静，保持空气新鲜。如果是一次、两次的快递包裹有异味或者有异常声响，我想同学们都会谅解的，也

大学生心理问题解决方案

不会责怪你的；如果你的快件太多了，确实塑封胶袋子有一股味儿，而且拆包裹的时候发生斯拉、斯拉的声音，的确让人很难受。同学们生活在一起，应该真心替对方着想，多体谅对方的感受。毕竟，宿舍是同学们集体生活的地方，需要一个安静与空气新鲜的环境，如果过于嘈杂，会影响同学们学习与休息，大家心情也不好。所以，你不该怪同学们对你有意见和看法，我想同学们对你的意见与看法还是有你自身的错误的。换个角度来说，假如你不网购，身边的同学天天网购一件、两件、三件，甚至十多件，而后旁若无人地带到宿舍里，又是剪开封条，又是整理，你怎么想呢？你会是什么心情呢？另外，咱俩人实事求是地说，你说同学心胸狭窄、事多，反问自己的心胸有多大呢？事少吗？

小玉：估计我的心情好不了，有可能与这样的同学吵起来。我的心胸……

心理专家：己所不欲，勿施于人。你自己说的你可能会烦同学们网购，那么同学们会不会也烦你网购呢？目前，从同学们对你的态度来看，同学们对你的意见的确很大，现在你应该认真反思自己，是不是网购成瘾了呢？是不是脱离集体了呢？是不是只想着自己舒服了呢？是不是除了网购，对其他事物都显得很冷淡了呢？

新环境引发的心理问题

小玉：是的，只有网购能引起我的兴趣。

心理专家：这很严重，要及早克服网购成瘾现象，把心思用在学习上，把注意力集中在所学的知识上。我很喜欢你的坦荡，愿意和你交个朋友。现在，我以朋友的身份给你提几点建议，希望对你有点启发和帮助。

小玉：我们是朋友，太好了！您给我指条明路。谢谢。

心理专家：我的建议并不复杂，如果你能听进去，按照这些方法去做，去改变自己，你就能早日从网购成瘾的状态中走出来，使自己回归正常生活。第一，物理隔绝。立刻放下手中的智能手机，限定每天打开的时间，不要手机不离手，更不要事事用手机，这种物理隔绝法需要坚持一个月左右。第二，立刻给自己制订一个户外锻炼身体的计划。你宅在宿舍的时间多，内心被遮蔽着，需要见见阳光，多呼吸新鲜空气，可以在校园的操场上健步走、跑步、打球、做操等。第三，写出一个所需物品的清单，需要买的、着急要买的，分清主次。如果能在学校的小商品铺里买，就在学校买了；如果需要在外面购买，最好去学校附近的商店；如果觉得一个人不安全，就主动约上几个同学一起去买，这样不仅能改善与同学之间的关系，还能在购买物品的过程中提高自己的交流能力、对市场的观察能力，无形中提高了自己的生活

能力，何乐而不为呢？第四，多回忆高中考大学的情景，多想想父母对你的嘱咐，要清醒地认识到进入大学是干什么来了，是求知识的，是长本领的，是带着梦想来的，而不是来网购的。应该把主要的精力用在学习上，用在与同学们的交流上，用在提高自己素质的方面上来，珍惜每一分、每一秒的时间，这样大学几年的时间走下来，你才可能成为一个高素质的人才。否则，天天沉迷于网购，荒废了学业，一晃大学几年就过去了，到时后悔都来不及了。第五，马上准备一个克服网购的记录本，每天记录一下网购的想法出现了多少次，克服了多少次，用什么方法克服的，有什么效果；没有克服掉的网购次数是多少，为什么没有克服，下次应该怎么解决和应对。最后，要记住一个事实：网购成瘾了，不是一天、两天、三天能解决的事情，要慢慢解决，逐渐克服，才能得到根本的转变。

小玉：谢谢老师。我完全听进去了，我会改的，会珍惜当下的时间专心学习，会把以后的大学生活过好。

心理专家提示

积极适应大学的新环境，其实不是一件难事，只要调整心

新环境引发的心理问题

态，多参加集体活动，不搞特殊化，专心学习，多付出，多为大家着想，勤快一点，就能让自己充实起来，逐渐爱上大学生活。另外，只要不是原则问题，就要学会睁一只眼、闭一只眼，凡事不要太较真，太过于计较的大学生往往内心很痛苦。

疾病引发的心理问题

1. 知道闺蜜得了牛皮癣以后

真实事件

读大三的小尹有一个好朋友叫兰兰，两人关系密切，除了夜间各自回宿舍睡觉以外，几乎形影不离。

最近，兰兰不幸患上了牛皮癣。小尹听说牛皮癣有传染性，回想以前她与兰兰几乎形影不离，经常握手、摸闺蜜兰兰的长发，有时还一起去跑步、打球、健身等，感到特别恐慌，想到自己的手接触过好朋友兰兰，病菌会沾满双手，而后传遍全身，就浑身哆嗦，胸闷加剧，极其痛苦。

眼看要放寒假，考试一科接一科，大家都集中精力学习，小尹的问题似乎更严重了。无论是在教室还是在宿舍，

疾病引发的心理问题

她想着想着就要立刻去卫生间洗手，而且一洗就是十几分钟。只要摸了东西，她就要立刻去洗手，有时半夜起来也要去洗手。

由于以前与闺蜜兰兰关系特别好，吃穿不分，小尹看到以前兰兰用过的自己的东西（皮包、衣服、鞋、帽子、眼镜等），就想着上面全是细菌，如果使用了就会被传染，于是全部扔掉了，甚至连兰兰摸过的手机也低价处理了。现在，她不愿意与兰兰见面，只通过微信与兰兰联络。

助教知道小尹的情况后，非常着急，于是把心理专家请来，帮助小尹解决问题。

心灵交流

心理专家采取冥想疗法，让小尹放松，而后引导她说出了内心的想法。小尹知道闺蜜兰兰患牛皮癣后，心中特别恐慌，无法集中精力学习了。

根据小尹的表现，心理专家认为，小尹是因为对疾病的恐

惧，担心被传染，导致了过度频繁洗手的行为。于是，心理专家根据小尹爱干净、胆子小等特点，及时为她制订了治疗方案。

第一步：鼓励与适当制止相结合。

因为小尹爱干净、要面子，心理专家认为不能对其进行指责，更不能进行批评，于是，采取了间接介入疏导法，以鼓励为切入点，自然地表扬了小尹勤洗手、讲究卫生的良好生活习惯，并表明自己在家也非常注意洗手，而且洗得还很认真，每次把指甲缝隙里也洗得干干净净。

小尹听到心理专家也注意洗手，还表扬了自己，马上高兴起来，认真地说："心理专家就是有修养，讲究卫生，以后我就听心理专家的。"

心理专家见时机正好，接着说："经常洗手是好习惯，但是过分、过频洗手也是没有必要的，同时还会浪费掉大量的水，对皮肤也不好。但是，该洗手时，必须洗，而且要洗干净。"

第二步：心理平衡疗法。

由于小尹信任心理专家，为了使她的恐惧心理尽快消除，心理专家采用了"心理平衡疗法"，请小尹到一家大医院与几位比较有名气的医生面对面交谈。医生把自己、家人一天洗手的次数、时间全部告诉了小尹，使小尹了解到医生及其家人也没有经常、反复洗手的习惯，还让小尹利用双休日到一位著名医生的家里小住两天。通过观察，小尹感到讲究卫生的医生也不像她那样频繁洗手，心情放松了许多。

第三步：及时进行卫生知识教育。

小尹的恐慌来自对牛皮癣病的无知，为了让其真正地了解牛皮癣病，心理专家请来皮肤病专家，专门为其讲解牛皮癣病的发病原因、特点与治疗技术，同时，还特意找来了一盘皮肤病VCD，比较详细地讲解了牛皮癣病的起因、预防及治疗。专家详细地为她讲解了牛皮癣的预防办法与防护措施，以及人体自然抵御病菌侵害的本领，使小尹看到了牛皮癣病的"真正面目"，意识到正常洗手就可以了，大可不必惊恐万分。

第四步：在集体活动中感受温暖。

心理专家建议小尹多参加学校的集体活动，转移对疾病的注意力。小尹安排好学习的同时，挤出时间，选择了自己喜欢的项目——读诗词。她主动参与学生会组织的诗词朗诵小组，与喜欢诗词的同学一起读诗，在诗中感悟生活的美、自然的美，逐渐开阔了眼界，感觉到了生活的快乐。由于接触的同学多了，而且有了兴趣爱好的共鸣，小尹脸上有了笑容，逐渐恢复了正常。

通过上述疏导，小尹的对牛皮癣病的恐惧慢慢消失了，在洗

手的问题上也恢复了理智，还主动买了花篮，到闺蜜宿舍看望闺蜜呢。

心理专家提示

一些大学生对疾病的恐惧程度比较强烈，当其头脑里产生对某种疾病的可怕幻想后，会做出许多令人难以置信的事情来。

事实上，消除这种可怕的幻想是非常难的，仅靠说几句安慰的话是很难实现的，必须调动一切积极因素，采取多种途径，逐渐深入其内心深处，使外部因素转变为内在动力，达到质的变化。

2. 知道同学得了肝炎，惊慌失措

真实事件

兵兵读大三了，平时特别爱干净，非常注意个人卫生，无论什么季节、什么时候外出，一定会戴上口罩、眼镜，把自己裹得严严实实的，生怕被传染上什么疾病。有时，同学们无意中打个喷嚏，吓得他惊慌失措，立刻闪离，害怕被传染上呼吸道疾病。听说或者看见同学感冒了，他躲得远远的，不敢靠近。他每天做得最多的事情就是洗手，与同学握手后，立刻去洗手；看完书，立刻去洗手；操场健步走回来，马上洗手……

同学们都觉得他太爱干净了，不敢跟他亲近了。

最近，他听说一个同学得了肝炎住院了。恰巧，前几天，他与这位同学交谈了一会儿学习上的问题，还握手了。回忆握手与交谈的情景，他吓得面色惨白，立即去洗手，而后又去洗澡，把所有的衣服洗了一遍，还使用了消毒液，把

被子与褥子拿出去晒太阳，表情严肃，闷闷不乐，给人一种大难临头的感觉。

课上，他脑子里总是想着被传染上肝炎的事，教授讲了什么，他根本记不住，迷迷糊糊的样子，显得疲惫不堪。下课后，他总感觉恶心，右下腹疼痛，怀疑自己得了肝炎。晚上他躺在床上翻来覆去睡不着，自言自语说"命怎么这么苦啊"。

同学们发现了他的异常，急忙把他拉进了学校的心理疏导室。

心理专家给他播放了几首古典音乐，使他逐渐放松了下来，表情也正常了，话匣子也打开了。

心灵交流

兵兵：老师，我可能得肝炎了，现在恶心，右下腹不舒服，怎么办呢？

心理专家：别着急，我问你，你说得肝炎了，有医院的检验报告吗？有医院的疾病证明吗？打过预防肝炎的疫苗吗？

疾病引发的心理问题

兵兵：医院？没有去过，也没有医院的证明，是我自己感觉要得肝炎了。现在恶心，肝区不舒服，这不就是肝炎的表现吗？以前打过三次预防肝炎的疫苗。

心理专家：肝炎不是自己说得就得的呀，必须有医院的检验报告和医生的诊断证明。肝区不舒服，恶心，从经验上说可能是多种原因引起的，比如，肝炎可能是一种原因，神经性的疾病也有可能引起，吃东西不合适了也有可能引起，心理负担重也有可能引起。我建议你去医院看医生，全面检查一下肝脏与肠胃。不要自己疑神疑鬼，自己吓唬自己。再说了，你已经打过肝炎疫苗了，体内有抗体了，不会轻易被传染的。

兵兵：我没有吓唬自己，真有可能。前几天，同学得肝炎住院了，我在不知道的情况下，与他交谈，还握手了，握手时他的肝炎病菌一定会粘到我的手上，通过皮肤，钻进我的血液里。

心理专家：你太过于恐惧疾病了，我们不议论肝炎的事情，就常识来说，同学得了肝炎住院了，之前与你握手和交谈，只能说你接触过患者，并不能证明肝炎病菌就会进入你身体。肝炎有传染性，但是我们也知道，肝炎传播是有途径的，不是说说话、握握手就被传染了。我看你是过于敏感与恐惧了，需要放松。说点我们家的私事，我儿子小时候也得过肝炎，我天天给他喂饭、

73

洗衣服、清理大小便，治疗了几个月，最终恢复了正常。我是最密切的接触者，也没有被传染上肝炎呀。我的经验是，注意个人卫生，严格分餐制，患者用过的物品及时消毒，患者的大小便要消毒，一般是不会被传染上的。再说，健康的人对疾病也有一定的抵抗能力。

兵兵：是吗？看来我是过于恐惧肝炎了。我要怎么做才能放松呢？

心理专家：需要做好几件事：第一，先排除疾病，消除恐惧根源，立刻去医院化验检查。如果正常，就不要大惊小怪、疑神疑鬼了；如果不正常，及时报告老师，立刻治疗，防止蔓延传染。第二，多看健康科普书籍，多掌握一些卫生常识，弄明白常见传染病的传播途径、发病特点、预防办法，而后加以注意，一般不会被传染。第三，加强锻炼，科学饮食，休息好，不熬夜，增强体质。自身的免疫力提高了，抵抗疾病的能力就强了。第四，不要胡思乱想，不要把疾病想的那么可怕，不要把细菌看成恶魔。其实，我们每个人天天与细菌接触，空气中的、食物中的、水中的、衣服上的、物品上的、体内存在的……细菌几乎无处不在，按照科学家的说法，细菌是生命中不可或缺的。第五，要多参加大学校园里的集体活动，培养自己的兴趣，多与同学们

疾病引发的心理问题

讨论学习、讨论未来的大好前途，让重要的事情占据大脑，你就不会因为担心被传染上疾病而劳神费力了。最后，我说一说我的经验，人如果过于严密地包裹自己，过分消毒洗手，过于频繁洗澡，处处担心被传染疾病，这也不敢碰，那也不敢接触，处于对传染病的高度紧张状态中，体内的免疫功能就可能降低，抵抗力也会下降，可能真的容易得病。倒不如保持自然，多运动，多晒太阳，保证睡眠，体力充沛了，精神饱满了，疾病也会绕着你走。

兵兵：好，老师，我现在的心情好多了，感觉肝区也舒服了，也不恶心了。明天我就去医院化验一下，彻底消除内心的隐患。即便真的得了肝炎，我也不害怕了，积极地治疗就是了。还有，我现在也不恐惧细菌了，正如老师您说的，人人都无时无刻与各种细菌打交道。一会儿，我就去锻炼身体，不戴口罩了。

心理专家提示

遇到事情要学会分析，特别是遇到传染病的事情更要冷静，要明白传染病的传播途径，弄清楚传染病的本质，科学预防，保持平和心态，正常学习与生活，既不要大意，也不要过于敏感，千万不要背上沉重的心理包袱，自己吓唬自己，让自己活在痛苦中。

手机与网络引发的心理问题

1. 总盼望着有人访问他的网页

真实事件

苑义是一名计算机系的大三学生,阳光帅气、勤奋好学。也许是专业使然,他对电脑相当精通,经常利用业余时间帮助同学们解决相关问题,乐于助人。同学们都戏称他为"脑通哥"。

可是最近,细心的同学们发现苑义像变了个人似的,经常坐在电脑前发呆,有的时候甚至都忘了去食堂吃饭。开始同学们以为他在勤工俭学做网络兼职,忙起来忘记了吃饭,室友便帮他把饭菜打回来。可是,等同学们在食堂吃完饭回来后发现苑义仍然呆呆地坐在那里,饭菜都凉了也不吃。除了专业课之外,苑义还经常请假不去上课,即便是去上课也

手机与网络引发的心理问题

是焦躁不安、注意力不集中，严重影响到了学习。更大的变化是遇到有电脑故障前来寻求帮助的同学都遭到了苑义无情的拒绝，他经常以自己很累、心情不好为借口拒绝大家。曾经的阳光帅气在不知不觉中找不到了。

更让室友无法忍受的是苑义的脾气越来越大，晚自习回到宿舍的室友们经常看到他一个人在电脑前骂骂咧咧，有时摔书本，有时敲打键盘和主机。有室友上前劝慰，却遭到他大声责怪，愤怒的面孔让室友们摸不着头脑。周末晚上，苑义面对电脑又无缘无故地发脾气，被宿舍管理员批评了几句，他竟然和宿舍管理员大吵了一架，费了很大劲，同学们才把他们拉开。

恰逢五一小长假，在另一所学校心理系就读的表妹来找苑义维修笔记本电脑，见到了情绪低落的哥哥，听着室友们对哥哥的"控诉"，表妹觉得苑义出现了心理问题，就带着他找到了心理专家。

心理专家利用音乐疗法，先让苑义听了一首舒缓、轻柔的小乐曲，协助他调整自己的呼吸，放松紧绷的身体状态。慢慢地，心理专家了解到苑义的变化竟是来自盼望有更多人访问他的网页。他觉得自己除了计算机能算长项之外，就没

有其他可以拿得出手的了。于是，他利用自己的长项，精心设计了自己的网页，尝试各种网页版面，想吸引更多的人来访问，以此证实自己的"厉害"。只有这样他才觉得自己能够有存在感，能够在他人面前有资格"显摆"。

每当看到有人来访问网页，他就有种很强烈的成就感；没有人或少有人访问网页时，他就感觉自己一无是处，越是这样想越是生自己的气。可是，每每面对现实又觉得除了计算机专业之外，自己什么都不行，越是这样，越想通过仅有的这个长项来证明自己不是一无是处。在网页面前观看来访的人数是他唯一的乐趣，人数的多少直接决定他的心情，来访人数多了他就开心，来访人数少了他就觉得干什么都没有兴趣。

通过交流，心理专家认为，在苑义内心深处是有种自卑感的，他利用自己的专业特长，就如抓住最后一棵稻草一样，把所有自信和勇气寄托在这唯一一项技能上，所以不允许自己在这方面有任何的闪失和失误，否则就会有自责感和自卑感。其实，越是把希望寄托于外界，越是不能觉察、体悟到自己内心的真正需求。长此以往，对苑义日后的学习、工作、生活都会造成影响。他这种情况需要及早疏导，从而

手机与网络引发的心理问题

纠正自己的认知，自觉控制自己的行为，这对今后顺利完成大学学业，步入社会，树立正确的人生观、世界观、价值观都很重要。

心灵交流

苑义：现在的我可能着魔了，也不知道为什么，只有有人来访问我的网页，我才有成就感。

心理专家：每个人都有追求成就感的心理，正确地追求成就感无可厚非，通过自己的努力和智慧获得他人的认可和关注的确能增强自信。网友对网页的关注度只是一个方面，现实生活中是不是也可以考虑通过其他渠道来增加其他技能，同样也可以获得关注，取得成就感。如果只把成就感寄托于网页，就会形成一种"井底之蛙""一叶障目"的狭隘思维定式。此外，没有人关注网页并不一定是做得不好，还有可能是个人爱好迥异。俗话说："萝卜白菜，各有所爱。"生活不是只有有人来访问网页，还有诗和远方；成就感也不只是有人来访问网页，还有你手有玫瑰的余

香——帮助同学维修电脑。大学同学应互相尊重，发脾气最伤害感情与友谊。

苑义：我知道自己乱发脾气不好，可那时候就是控制不住自己。

心理专家：成年人与未成年人最大的区别就是自控力。大学生年龄一般都超过了十八岁，作为成年人，要对自己的言行负责任，有勇气来承担后果。喜怒哀乐是每个人的日常情绪，人们无法避免，却可以控制。当情绪汹涌而来时，不妨多做几个深呼吸，一呼一吸间可以让自己的身心得到暂时放松，给自己一个缓冲。缓冲过后，让自己暂且离开引发情绪的"是非之地"，做个冷处理，或者给自己一个暂停的手势并喊出"停""咔"。如果让情绪成为自己的主宰，人就会失去理智，很容易做出后悔的事情。所以，当情绪不好时，切记不要做任何选择或决定。

苑义：我觉得自己除了计算机专业，哪里都不好。

心理专家：世间万物皆是对立统一的。是白天太阳普照好，还是夜晚明月高悬好？没有对错、好坏的绝对标准。身心的平衡、和谐才是王道。除了计算机专业的优势，你还助人为乐，帮助同学修理电脑；除了计算机专业的优势，你还阳光年少。人无完人，一无是处是对自己不客观、不公正的评价。多听听别人口中的自己，多看看别人眼中的自己，站的角度不同，对问题的理解也就不同，对人、对物要尝试全方位去观察、了解。发扬长处的同时也要完善短处；欣喜自己优势的同时也要学会接纳自己的不足。

苑义：我不知道该怎么调整自己呀。

心理专家：首先，要克服觉得自己除了计算机专业什么都不好的自卑心理。多与同学们交流，看看他人眼中的自己和自己眼中的自己的区别在哪里，哪些是可以及时矫正和改变的，哪些是需要时间慢慢梳理的。其次，多参加集体活动，发展除计算机以外的兴趣爱好，比如画画、书法、篆刻、写作、游泳、跑步、骑车等。闲暇时间去社区、图书馆、收容所等部门做公益活动，以开阔视野，增强与人沟通的能力。此外，继续做"脑通哥"，为需要帮助的同学服务。还要利用图书馆、手机、电脑等，多阅读哲学、心理学方面的书籍。

苑义：我担心最近老发脾气，损毁了自己的形象，同学们不理我了。

心理专家：你要有勇气向同学们和宿舍管理员承认自己的错误。人与人之间相处要真诚，真诚地道歉会弥补你们之间的嫌隙。如果觉得当面道歉不好意思，可以给他们发短信。精诚所

至，金石为开。人际交往同样需要相互理解和智慧处理，有诚恳的态度一定会获得大家的谅解。担心不如行动，不管结果如何，都要为自己的行为负责。

心理专家提示

大学生应认清网络与现实的区别，正确对待网络带给自己的满足感，应多参加集体活动，发展多种兴趣爱好，转移部分注意力，避免沉迷。

有自卑心理的人很多时候会敏感，出于自尊，特别在意外界对自己的评价，这是每个人成长路上都需要攻克的难题。一个人只有保持对自己的了解和觉察，才能够拥有强大的心理能量。当有足够的力量时，才能够做到荣辱不惊，不为外界所动。要求自己，历练自己，内观自己，一切向内求，这样的成长才会更快、更稳、更彻底。现代自我心理学之父阿尔弗雷德·阿德勒说："自卑感是每个人生而具有的，而你要做的是通过正确的方式实现优越感，过有意义的人生。"

2. 总是希望有人点赞

真实事件

瑶瑶是个文静的大二女生，在同学眼里她很乖巧，从不与人争长短，对学习很认真，是个耐得住寂寞的人。不过，自从她换了一款新手机之后就判若两人了。不论走到哪里，她都机不离手，经常自拍摆造型，无论是走路还是看书，无论是外出还是自习，她都要拍照片发朋友圈。特别让同学们受不了的是瑶瑶经常在吃饭前不让同学们动，非要等她拍照之后才能吃饭，为此，同学们都不愿意和她一起去食堂吃饭了。

对瑶瑶的这些行为感受最深的就是瑶瑶的室友们，有时候很晚了，瑶瑶还一个人在床上看手机、拍照、发朋友圈，关键是还要求室友们必须给她点赞，弄得大家都不能好好休息。给她提意见，她就生气。很多同学不喜欢瑶瑶把学校的一些生活照片随便发出去，担心泄露个人隐私，可是，瑶瑶对同学们的看法却置之不理，依然我行我素。

瑶瑶似乎对拍照、点赞着了魔，同学们本来很反感她的，可是最近几天瑶瑶却一反常态，经常不离开宿舍，一个人沉默不语，神情恍惚，也不再热衷于拍照、点赞，连饭都吃不下。室友们感觉不对劲，及时向老师反映了情况。

　　在老师的陪同下，瑶瑶找到了心理专家。

　　心理专家给瑶瑶播放了一首古典乐曲，让瑶瑶放松了下来。在轻松的状态下，瑶瑶回忆着自己这段时间的变化。

　　原来，瑶瑶一直渴望获得别人的关注，但是她很内向，平时不怎么和同学交往，正好新手机开启了微信功能，让她一下子找到了与别人联系并获得关注的好方法。在微信朋友圈发的每一条信息都会有人点赞，瑶瑶感觉自己被关注，内心获得了很大的满足感，自此拍照、点赞一发不可收拾。获得的赞越多，她就越有成就感，在朋友圈倍感有面子。

　　一天周末，瑶瑶的室友过生日，大家买来蛋糕庆祝。当然这个"秀色可餐"的大蛋糕肯定不能逃脱瑶瑶的手机拍照。于是，瑶瑶360度无死角对蛋糕进行了轰炸式拍照，同学们也是给足了她面子，一直等瑶瑶折腾完才开始切蛋糕、吹蜡烛。当晚，瑶瑶把照片上传到朋友圈，的确获得了好多人点赞。看着一个个赞，她心里美得比吃了蛋糕还甜。

手机与网络引发的心理问题

不曾想第二天，瑶瑶收到了一条弹出的信息，要求她在指定的时间往指定的账户里汇款1万元，并威胁道："我关注你很久了，天天给你点赞，你需要给点酬劳，否则，你的全部个人信息都在朋友圈，我随时能找到你。"自从看了这条消息后，瑶瑶内心充满了恐惧，她删除了朋友圈的所有照片，并且屏蔽了不认识的网友，卸载了应用程序，之后便陷入了恐慌当中，总感觉有双无形的眼睛，随时盯着她的一举一动。

听了瑶瑶的讲述，心理专家认为，瑶瑶性格内向，在手机网络里通过点赞的形式获得了被人关注的心理需求，但却意外受到威胁恐吓，需要及时引导，化解目前的心理危机。

心灵交流

瑶瑶：我现在特别担心个人隐私被曝光，担心敲诈我的人找上门来。

心理专家：网络世界的确是鱼龙混杂，随意发布信息会给一

大学生心理问题解决方案

些不法分子可乘之机，需要人们平时提高警惕，如全家福、外出行程、贵重物品等内容尽量不晒或少晒。遇到网络诈骗应该及时报警，通过警方来锁定犯罪分子，把自身权益损失降到最低。一会儿你就报警，把截图发给警察，让警察查找威胁你的人。

瑶瑶：以后我都不敢上网了。

心理专家：任何事情都具有两面性。手机上网虽然有风险，但也给我们的生活带来了很多便利，比如，视频聊天缩短了与亲人的距离感。有利就有弊，我们的惯性思维是遇到不好的事情就躲避，所以再遇到此类事情仍然不会处理。要善于总结，找出问题，才能获得教训，避免再次犯错。古希腊哲学家苏格拉底说："问题是接生婆，它能帮助新的思想诞生。"

瑶瑶：我只要看不到被点赞，心里就会很失落。

心理专家：为什么喜欢别人给你点赞？

瑶瑶：有这么多人关注，感觉有成就感。

心理专家：如果做其他事情也有人关注，你会怎么样？

瑶瑶：跟收到好多赞的感觉一样。

心理专家：这样看来，你需要的不仅仅是点赞，还需要培养自信。越是没有自信的人越在意别人对他的评价，希望获得别人

手机与网络引发的心理问题

的关注。其实除了发图点赞之外，网络中还有很多正向的、积极的形式，比如坚持写博论、写人生感悟，发表心得，上传如何健身、如何制作美味视频等更能博得大家的青睐。另外，我以朋友的身份，送你三个小建议：一是尽量少用手机微信，限定手机使用时间，不要总挂在微信上；二是走出宿舍、教室，到操场上运动，与同学们打球、跑步，呼吸新鲜空气，晒晒太阳，渐渐地你就会不依赖手机了，不想看微信了，不想被人点赞了；三是每天想一想，进入大学是干什么来了，是玩手机吗？是关注微信朋友圈吗？还是学习知识，掌握本领呢？把这个问题想明白了，你自然就远离手机与微信朋友圈了。

瑶瑶：以后我会培养其他兴趣爱好的。

心理专家提示

每个人都有被他人关注的渴望，怎样获得他人关注远比获得关注更值得思考。作为大学生，要用积极的态度看待问题，不断完善自我，做成熟、有益于社会的人。真正的幸福快乐是自己创造的。

3. 网络中被"恋爱"欺骗了

真实事件

读大二的婧婧有男朋友了，可是同学们从来没有见过。每次提起男朋友，婧婧总是流露出一种幸福感，同学们非常羡慕。经常听婧婧说起男朋友对她嘘寒问暖、关怀备至，每次有了心事、烦恼，婧婧就会找男朋友倾诉。在她的世界里只有男朋友，很长时间以来，婧婧因为和男朋友聊天而冷落了闺蜜，闺蜜都开玩笑说"吃醋"了。

最近，闺蜜发现婧婧变了，婧婧在外做兼职，平时都是省吃俭用的，但还是经常找自己借钱。在外兼职明显让婧婧憔悴了不少，经常上课打瞌睡，有时候一个人还会泪流满面的。闺蜜觉得蹊跷，就给婧婧的妈妈打电话，建议带婧婧找心理专家看个究竟。

心理专家给婧婧一杯茶，让她慢慢说出了自己的心事。

原来，婧婧在网上加了一个好友，这个好友的网名叫

手机与网络引发的心理问题

兵兵，几次闲聊中得知他和婧婧同龄，还是老乡，正在部队上军校，还有一年毕业。这让婧婧对他心生好感，因为从小婧婧就喜欢军人，对军人总有一种崇拜和敬仰，没想到在网络里认识了这么一位优秀的军人，特别是看到了好友身着军装的帅气照片，一下子就俘获了婧婧的芳心。此后，两个人正式确立了男女朋友关系。男朋友对婧婧总是嘘寒问暖，让婧婧觉得很暖心。因一次意外事故，男朋友找婧婧借钱，为了能更多地帮到男朋友，婧婧开始兼三份工作，经常给男朋友汇款，希望能帮到他。不过，男朋友的"胃口"越来越大，婧婧才不得不向闺蜜借钱。最近这段时间，男朋友突然消失了，说是部队进行全封闭式训练，没有办法用手机和婧婧联络了。婧婧特别担心，经常哭泣。

听了婧婧的讲述，心理专家认为，婧婧把在虚拟的网络世界里得到的"爱"当作了现实，对网络世界提供的虚假消息深信不疑，导致她一步步走入骗局，深陷其中却不能自拔，需要对婧婧进行心理疏导，提高她的安全防范意识。

大学生心理问题解决方案

心灵交流

婧婧：我担心他遇到了什么问题。

心理专家：为心爱的人牵肠挂肚，这能理解。你亲眼见过这个网络里认识的男朋友吗？

婧婧：没有。不过，他经常把在军校的照片发给我看。

心理专家：我也可以搜索军校的照片给你看。现在网络这么发达，各种照片，甚至是经过修整后的照片比比皆是，仅仅凭照片我们不能确定什么。

婧婧：他对我很关心。

心理专家：你为了给他筹钱，外出做兼职的劳累与憔悴，他关心过吗？真正相爱的两个人是平等的，面对责任和困难也是共同分担的。你一个人不辞辛苦地给他筹钱，他自己又做了什么呢？面对你的帮助，他为什么会消失呢？网络世界我们看不见、摸不着，很容易让人隐藏真实的自己，小心被别有用心的人利用。都说"耳听为虚，眼见为实"，但在网络里，眼睛看见的也不一定就是真相。网上恶意转发、截图、断章取义的例子很多，需要我们擦亮眼睛，做理性的分析和判断。

手机与网络引发的心理问题

婧婧：真没有这么认真想过。

心理专家："害人之心不可有，防人之心不可无"。网络世界错综复杂，与现实生活存在很大的差距，需要时刻保持警惕。当然，任何事物都有其利弊，网络虽然存在一定风险，但是确实也给我们的生活带来了便利。发挥网络速度快、范围广的优势，可以帮助我们做到好多现实生活中不能做到的事情。但是如果因为沉迷于网络而影响到正常的现实生活就是得不偿失了。所以，智慧上网、健康上网尤为重要，提升自己的判断能力和甄别能力迫在眉睫。我建议你在网络中搜索一下这个叫"兵兵"的人，或许能发现端倪，识破他的身份。

婧婧：我现在就搜索一下。老师，兵兵在另外一个交流网站上出现了，对他的评论还不少，都说他是个骗子，根本不是什么军校学员，是个大骗子，要特别当心。看来我是上当受骗了。现在我该怎么办呢？

心理专家：马上报案，把你们的谈话记录截屏，借你钱的记录截图，告诉警察，让警察处理。以后，你要谨慎上网，不要轻信任何人、任何话。

婧婧：好，我马上一五一十地报告警察，请警察帮助。

（经过侦察，案件水落石出了。这是个冒充军校学生的骗

子，根本不是什么军校生，也不是什么军官，军装是买来的假军装，帽徽、军衔也是假的。最终，这个假军校学生受到了法律的严惩。）

心理专家提示

网络是个虚拟的世界，里面有知识也有诱惑，有真实也有虚假。大学生上网需要提高自控力，比如，限制自己的上网的时间；需要加强防范意识，比如，多看法制类书籍或节目。此外，大学生还应该发展多种兴趣爱好，比如，做公益、跑步、游泳等。应时刻牢记：网络存风险，上网需谨慎。

偏激引发的心理问题

1. 矿泉水瓶里的硫酸

真实事件

丽丽开学上大三了,大二下学期有位男同学向丽丽示爱,经过几番"考验",丽丽和他确立了恋爱关系。对"高大帅"的男朋友的评价,丽丽还是很满意的,特别是每当听到同学们说她有眼光,找了一个帅哥的时候,她心里美滋滋的。恋爱中他们两个人相互照应、相互体谅。男朋友每到节日都会带着丽丽去学校周边景点游玩,对丽丽呵护有加。丽丽对男朋友也是百般照顾,用攒下来的零花钱给男友买衣服、学习用品。然而,好景不长,这段关系只持续了半年。新生入学后不久,丽丽就听自己的闺蜜说看到了男朋友和大一的女生在一起吃饭,开始丽丽没有多想,渐渐地,丽丽发现男朋友对

自己越来越冷淡，后来干脆躲着不见了。丽丽很是愤怒，决定找男朋友当面问清楚。以往的周末都是和男朋友一起去外面吃饭，而这次，当丽丽来到男朋友宿舍门口时，却看到了大一的女生也在等她的男朋友。丽丽火冒三丈，顿时失去了理智，大声指责盘问。更让丽丽接受不了的是男朋友竟然当着自己的"情敌"的面宣布了和自己分手的消息。

自此之后，同学们发现丽丽变了个人。她不再注重穿着打扮了，经常能听到她叹气的声音。很长时间她不去上晚自习，不愿意跟大家说话。晚上失眠多梦，经常有事没事地往楼道窗户那边走，偶尔看到有谁开窗户，她就神情紧张。

闺蜜经常来安慰丽丽，可是这种情况依然没有改善。她常问闺蜜奇怪的问题："不是故意做错的事情别人会原谅自己吗？不是故意却触犯了法律，会影响毕业吗？"闺蜜被问得一头雾水，觉得丽丽出现了心理问题，就带着她找到了心理专家。

刚见到心理专家，丽丽不断地哭泣。心理专家用音乐放松法让丽丽慢慢停止了哭泣。原来，丽丽和男朋友分手后心情特别低落，她不明白为什么自己喜欢的男朋友却去喜欢别的女生。几天之后，丽丽去食堂吃饭正好遇到了"情敌"，恰好几个女生在欣赏"情敌"的照片，大家都夸奖"情敌"长得

偏激引发的心理问题

漂亮，向当红明星某某。"难怪你的男朋友喜欢你。"同学们羡慕地说笑着。丽丽心中的怒火一下子就被点燃了，她指着"情敌"破口大骂，后来被同学们劝开了。

周日，丽丽百无聊赖地来到近郊一个远房亲戚家打发时间。刚进院子她就闻到了一股酸酸的味道。正纳闷时，表嫂匆忙出来，看到丽丽就像看到了"救星"。表嫂让丽丽帮忙看一会儿孩子，她要去田地里送肥料，杂货间有一桶准备做肥料的硫酸，表嫂怕伤到小孩。顿时，一个罪恶的念头充斥了丽丽的头脑，她想到了漂亮的"情敌"与前男友。既然你用漂亮抢走了我男朋友，既然男朋友背信弃义，我就让你变得丑陋无比，让你失去幸福。于是，丽丽找来一个矿泉水瓶兑好水后装入了硫酸。

晚上，丽丽往学校走，闺蜜在校门口碰到她，问她手中拿的是什么，有股刺鼻的味道。她吞吞吐吐地说是硫酸。闺蜜感觉她变了，担心她出什么事情，就把她拉到了心理专家面前。

心理专家采取顺势交流法，认真听了丽丽的诉说，认为丽丽由于失恋、嫉恨，产生了报复心理，这样的心理状态若不及时纠正，后果将不堪设想。

大学生心理问题解决方案

心灵交流

丽丽：我真的不想伤害"情敌"与前男友。

心理专家：事实是你准备了硫酸，有了这样的念头，这很危险。不管什么原因，你的念头里有报复与伤害，只是还没有发生。

丽丽：是的。我忍受不了前男友对我冷漠和"情敌"横刀夺爱。

心理专家：婚恋自由，谁都没有权利剥夺。"情敌"没有逼迫你男朋友喜欢她，不存在与你争夺。除了想要夺回男朋友之外，你是否考虑提升自己的内在，吸引更优秀的男生来追求你呢？

丽丽：可是，爱情总得专一吧，总得讲个先来后到吧。

心理专家：喜欢一个人跟时间早晚没有关系，漂亮也不是喜欢一个人的唯一标准。少数大学生有时候在恋爱的问题上会很不理性。恋爱开始都很美好，后来就可能会发现诸多问题与烦恼，要有心理准备。

丽丽：我不知道"情敌"除了漂亮，她到底哪里好呢？

心理专家：恋爱很复杂，不是一句话就能说清楚的。其实，漂亮只是外表，真正的美丽是内在。"金玉其外，败絮其中"的意思就是徒有外表是靠不住的。你对"情敌"充满了敌意，所以不

能客观地看待她的优势。

丽丽：我现在很混乱，不知该做什么。

心理专家：先让自己放松，放弃一切杂念。你要明白你控制不了前男友，更控制不了"情敌"。你要分清主次，从最重要的事情做起。首先，要重视学业与身心健康。大学生应以学业为主，身心健康很重要。要踏踏实实学习，最好不要过早谈恋爱。遇到事情不要偏激、不要钻牛角尖。其次，立刻处理掉硫酸，停止一切危险与不计后果的行为。三是勇于承认自己骂人的错误，取得"情敌"的原谅。四是多读书，养成好读书、读好书的习惯，在读书中让自己明白做人的道理，净化自己的心灵。五是多参加集体活动，在活动中感受集体的温暖。

丽丽：我该怎么从这件事情里走出来呢？

心理专家：失恋的痛苦的确很难熬，需要时间，时间是最好的治疗剂。这件事情的结果超出了你的预期，的确会让你觉得不知所措。接下来你要先分析整个事件，看看在事件中的自己是出于怎样的考虑，把自己当时的想法列在一张纸上，找出完全属于情绪的（愤怒、伤心、失落等）想法。然后把属于情绪的想法转换成最后的决定（愤怒——可以报复、打击；可以找当事人问清楚；可以不管不顾；可以找人倾诉，帮忙出主意；可以转换为其他，例如：写日记，参加健步走运动，打太极拳，骑行，练瑜伽，参加公益活动，写作，定期进行社会调查，参加学校发起的志愿者活动等）。决定写得越多越好，直到想法穷尽，要善于发展多元思维，找出最佳方案。在这些决定中，要把消极的、可怕的、严重的后果划掉，余下是什么样的结果就会一目了然了。这样就能给自己更多的选择机会，较好地控制情绪，能用理性来面对。如果我们不能很好地控制自己的情绪，任其发展，就会成为它的仆人，对情绪听之任之，就无法成为真实的自己，甚至成为"恶魔"，自己还不以为然。要学会做情绪的主人，具备驾驭情绪的能力，使用它、管理它，当它越来越听话时，我们就会越来越轻松、快乐。世间虽没有完美的人和事，但我们能做的就是让自己尽可能接近完美。

丽丽：无论结果如何，我会承担责任的。

心理专家提示

成长之路不会一帆风顺。偏激、固执不是一成不变的，当我们有勇气直面它的时候，当我们有力量做自己的时候，一切都将会改变。大学生要不断修正自己，使自己变得更好。

2. 准备继续挂科

真实事件

小尚上大二了，对于他来说英语是一道过不去的坎儿。当初高考，英语成绩差点让他与大学失之交臂。终于上了大学，他觉得自己没有必要再像高中那样刻苦了，反正英语也不是自己的强项，以后在工作中也用不到。结果，小尚大一的英语考试成绩不及格，全班倒数第一名。为此，助教专门找到小尚，批评了他。

最近，小尚经常到外面找兼职，但每次都不知道什么原因去不成，大家发现小尚的情绪有些低落。一个要好的同学问小尚为什么，他总是说"都是英语惹的祸"。他对英语的态度却丝毫没有转变，甚至开始厌恶英语。

考虑到即将面临大二的考试，助教再次找到小尚要求他及早准备英语考试，但是小尚却称准备继续挂科。看到偏激、固执、不思改变的小尚，助教建议他去做心理咨询。

小尚主动找到了心理专家，他依旧嘟囔着挂科，就是不愿意学英语。为了平复他的情绪，心理专家给小尚播放了一首安静、舒缓的曲子，做了几组深呼吸之后，小尚的情绪缓和了很多，他认真地与心理专家谈起了自己对英语的看法。

原来小尚的各科学习成绩都不错，真正改变他对英语看法的是高二下学期，他无意中听到了补课老师说自己的英语成绩很难再有提高，自此以后，他就开始对英语失去了信心。终于上了大学，他想着跟英语说拜拜，但是没想到每个专业都有英语课。特别是最近他去校外做兼职，每到一个单位都问他英语过了几级，越是这样问，越激起了小尚对英语的反感。于是，他非要较劲，让英语挂科，看看不会英语到底能怎样。

听了小尚一番偏激的言谈后，心理专家认为是因为偏激的思想让小尚对英语从开始的不自信到现在的存有偏见，需要及时调整他对英语的看法，克服偏激思想。

偏激引发的心理问题

心灵交流

小尚：既然老师说我的英语很难提高，我就没有努力的必要了。

心理专家：努力不努力是你个人的事情，与老师无关。如果非要为自己不努力找个理由的话，一定是懒惰，或者是目光短浅。只有明白自己的追求和目标的人，才会一如既往地向前走，即使遇到艰难险阻也不会放弃。路在自己的脚下，你可以前进，也可以在路上徘徊，甚至可以往回走。你要记得这句话：不忘初心，方得始终。

小尚：我又不出国，学不学英语无所谓。

心理专家：你可以不出国，但是不能阻挡国外的新鲜事物进入国内。日新月异的变化需要我们储备更多的知识，以备不时之需。如今，好多生活用品都是从国外进口，还有电脑编程、出国旅游等这些和我们生活息息相关的事情，都需要有一定的英语基础。有品质的生活是需要与时俱进的。

小尚：难怪找工作都爱问英语过了几级呢？

心理专家：可见英语的重要性体现在方方面面。从发展的角

度来看，用人单位很多时候需要综合型人才。世界的发展越来越快，例如我们每个人都在用的手机，从当初只能接打电话，发展到现在各种功能让我们随心所欲地选择。如果你是用人单位，该做何感想呢？

小尚：还是要个多面手吧，工作效率高。

心理专家：其实你自己的思维也是如此，单一的、偏激的想法都会局限我们的视野，阻碍我们的发展。俗话说"技多不压身"，多学一门英语有益无害。

小尚：那我如何才能让自己不偏激呢？

心理专家：一是要养成全面认识问题、分析问题的好习惯，加大信息量的汇总与研究，有规律地收集各方面的信息，逐渐改变消极思维带来的负面行为。二是遇到事情要考虑正反两面，要多听取他人的建议，从不同的视角看待问题。当有了一意孤行的念头时，给自己一张纸、一支笔，把自己对事件的观点罗列出来，把别人给自己的建议也写下来，将自己和他人的观点相互比较，这样就能避免过于偏激。三是要扩大自己的知识面，多阅读哲学、人文、心理学等方面的文章、书籍，充实思想，拓宽思路。主动与同学、老师、专家讨论问题、交流思想，在讨论中获得新知。四是要善于调查研究，提高自身的知识库存，提高独立

思考、科学思考、辩证思考的能力。五是要用发展的眼光看问题，有前瞻性，才能抓住机遇、抓住未来。六是要主动向优秀的人学习，学习他们的成功经验，改变自己的偏执思想与偏执行为。六是要敢于改变自己的错误认知，主动自我矫正，让自己变得谦虚、有度量。七是要给自己准备一个改变偏激思想的记录本，每天都要有记录，包括遇到的问题、改变的过程、持续的时间与最终结果，直到自己完全改变为止。

心理专家提示

由于大学生处于青春期发育后期，很多时候还会意气用事，不够理性。偏激的思想和行为很多时候需要自己来检视、觉察，需要时间来历练，最主要的是要虚心听取他人意见，减少抵触情绪，多换位思考。

消费引发的心理问题

1. 请客吃饭的烦恼

真实事件

到了大四的小邵越来越不开心,以前的他活泼健谈,经常组织同学们一起外出游玩。他善于组织,经常搞花样策划,带给大家各种惊喜,因此深受同学们喜欢,大家都乐意跟着他一起出去"吃喝玩乐"。

但是,自从小邵做兼职以来,同学们聚在一起的时间越来越少了。最近,大家发现小邵没有了以往的开朗,总是愁眉苦脸的,尤其是到了周末,同学们张罗一起去学校外面吃顿饭,他总是找各种借口回绝,表现得很不友好。同学们不知道是什么原因让小邵变成了现在这个样子,他自己也说自己貌似厌烦了社交。他的话和他的表现,着实让同学们吓了

一跳。大家把情况反映给了助教。

认真负责的助教主动询问情况，感觉小邵可能心里有"结"，建议他去找心理专家。

心理专家用呼吸法，为小邵做了放松练习。5分钟以后，小邵轻松了不少，与心理专家谈起了他在兼职中遇到的烦恼。

小邵在同学的介绍下来到一家广告公司做兼职，这份工作和小邵的专业对口，他很珍惜。在公司，他与同事们和睦相处，总是来得最早，走得最晚，勤勤恳恳。由于小邵为人热情、办事沉稳，深得同事们赏识。不过公司有个不成文的规定：每个员工都需要自己找客户揽广告。为了不给公司拖后腿，小邵也效仿同事们开始寻找广告商。可是，每一次都要小邵邀请广告商吃饭、去KTV唱歌。更让小邵受不了的是喝酒、吃饭，每一次都陪客户到很晚。遇到体贴的客户会体谅小邵还是学生，由客户来承担饭费；遇到抠门的客户，他们不仅喝到酩酊大醉，还要小邵自掏腰包，如果小邵不陪他们，他们便以不加盟广告为"要挟"。小邵觉得自己不该拒绝他们，每次都是硬着头皮做着自己不喜欢的事情，感觉特别累。频繁的请客吃饭，让小邵越来越感到是一种负担，就

大学生心理问题解决方案

连同学之间的聚会他都不想参加了。

听了小邵的倾诉，心理专家觉得小邵在人际交往方面不懂得如何拒绝别人的要求，虽然每次都有求必应，但无形中给自己增加了负担和烦恼，导致身心出现了问题，需要对他进行心理疏导，引导他学会正确、有效地与人沟通。

心灵交流

小邵：频繁的请客吃饭对我来说就是一种负担。

心理专家：带着消极的情绪去做事情就会有负担。当自己的状态让自己不舒服时，就应该检视自己的内心。大多时候难以拒绝别人，其实是担心别人不会再喜欢自己，就如你担心客户不会加盟广告，所以不肯拒绝，才会不断加重负担。任这种惯性心理发展下去，你会越陷越深。

小邵：怎样才能减少这种负担呢？

心理专家：负担是自己给自己的，要学会拒绝别人，听从

消费引发的心理问题

自己内心的想法和声音。拒绝有学问，也有讲究，既不能伤害对方，也不要让自己为难。

小邵：如何拒绝呢？

心理专家：拒绝本身是一种态度，是需要力量的。面对不同的情境、不同身份的人，需要有智慧的巧妙拒绝。比如，在工作中，你不喜欢用请客吃饭来揽客户，可以直接向单位提出，表明自己的态度和立场，或是建议单位换一种方式来完成任务。面对客户的要求，你可以向他们表明自己的身份和难处，博得大家对你的理解。如果确实无法拒绝，可以采取另外一种方法，比如说自己对酒精过敏、嗓子有炎症等，这样客户也就不为难你了。

小邵：社会生活真复杂，感觉满满的套路。

心理专家：社会生活原本就是这样子，阳光再普照也会有阴暗的角落。你要接受现实本来的样子，减少自己的落差感。与其感叹社会复杂，不如静心学习处世之道，让自己有更多的办法应对各种复杂的情况。现代自我心理学之父阿尔弗雷德·阿德勒说过："世界很单纯，人生也一样。不是世界复杂，而是你把世界变复杂了。"

小邵：我知道今后该如何拒绝别人了。

心理专家提示

大学生要学习的不仅仅是知识，还要学习了解自己，了解世界的多面性。生活中要多些智慧，从点滴中悟出道理，才能向自己交出一份满意的人生答卷。

2. 追求女生付出的代价

真实事件

艺术学校里漂亮的女生很多，严利是一名大二的帅哥，吹拉弹唱样样精通，一直以来有好多女生向他示好，主动追求他。可是严利的眼光很高，总是挑挑拣拣，哪个都看不上。

新学期，严利遇到了一个问路的大一女孩，瞬间"石化"。严利是有眼光的，这个大一女孩因为外表出众，很快就成了学校公认的"校花"。为了能追到"校花"学妹，严利可是花费了不少心思，送花，去食堂帮忙打饭，还承包了学妹宿舍的热水输送。只要有机会他就去找学妹，制造各种偶遇，忙得不亦乐乎。

可是最近，不知道什么原因，严利开始消停了下来。他很少和学妹联系，也很少去食堂吃饭，有时候很晚才回到宿舍，抱着头，一言不发。只要听到手机铃声响起，或者听到谁找他，他就紧张。连最喜欢的形体课他都三天打鱼，两天

晒网。在一次汇报演出时，严利心不在焉，做错了动作，直接影响到班里的成绩，被老师叫到了办公室。面对一言不发、面无表情的严利，老师只好把他送到了心理专家面前。

心理专家没有追问为什么，而是用注意力转移法，跟严利聊所学专业，谈艺术创作、艺术作品、外国的艺术家及奥斯卡评比等，一下子拉近了与严利的距离。在心理专家的引导下，严利终于开口道出了实情。

原来，漂亮的学妹身边不乏追求者，为了能够打动女孩的芳心，严利不惜下了"血本"。开始，给学妹买小礼品、衣服等，后来买化妆品。当得知学妹的爱好是看芭蕾舞剧时，严利就经常搜集演出信息，只要有时间就在网上订票带学妹去观看。一次，学妹抱怨看芭蕾坐在后面看不到效果，说前几排是观看的最佳位置，这样才能近距离向艺术家们学习。严利也知道前排好，可是价位对于他而言承受不起，但是为了学妹，他想出了馊主意：先从父母那里以各种理由要钱，还可以向同学借钱，向亲戚借钱。由于花费较多，严利经常是入不敷出，拆东墙补西墙。后来，当他欠了一万元时傻了眼，不知该怎么向父母圆谎。经常有同学、亲戚到学校来找他要债，还不上钱，他就开始躲，只要听到手机响就担心是

消费引发的心理问题

来要钱的。一边躲债，一边担心被父母知道，弄得自己每天都担惊受怕，非常紧张。上次汇报演出前他接到了表哥的催债电话，给他下了最后通牒，说再不还钱就直接告诉他父母，吓得严利在演出时出现了重大失误。

听了严利的事情，心理专家觉得严利是在恋爱观、消费观上出现了问题，加上欠债不还、表演失误，导致他身心都出现了一系列的异常反应，需要进行疏导，及时纠正，以免错误的观念影响他的一生。

心灵交流

严利：欠了这么多钱，我不知道怎么跟父母说。

心理专家：把事情的经过如实地告诉父母。虽然你的行为让父母生气，但是态度很关键，诚实是最重要的，也是做人的根本。很多时候父母都是恨铁不成钢，真的遇到问题和难处时，家长永远会给予孩子支持。父母关心的不会是你欠钱多少的问题，而是通过这件事情，你明白了什么，知道该怎么生活，怎么建立正确的恋爱观、人生观。

严利：我现在这种情况是不是成了反面教材呢？

心理专家：的确不能算正面教材，不过具有警示与借鉴意义。如果你能从这件事情上明白自己的问题出在哪，即便是反面教材也是值得的。成长的路上允许试错，错过之后，才会看清未来的路，这也算是成长的代价吧。你能真诚地说出你的情况，说明你还是希望改正的，希望重新正常学习与生活的。良好的心态很重要，无论遇到什么情况，都要勇敢面对，勇敢承担，找最好的方式解决。逃避是解决不了任何问题的，只能让自己更加痛苦、更加自责。

严利：出了这样的事情，学妹不会理我了吧？

心理专家：这需要问学妹。但可以肯定，结果无非有两种：第一种是继续交往，因为学妹看中的不是你为他提供的物质，而是和你在一起有共同语言、共同追求；第二种是不再交往，因为你给她的物质她得不到满足，证明她不是真心与你交往，而是夹杂着物质与利益，这样的人请远离。

严利：怎么做才能追到朴实、善良的女生呢？

心理专家：我觉得大学生谈恋爱确实早了点，主要精力应该放在学习上。但是既然你问到了这个问题，我说说我的看法。人与人的价值观、人生观、恋爱观是不一样的，不是每一位女生都

消费引发的心理问题

爱慕虚荣，也不是每一位女生都追求物质，有的喜欢外表，有的看中实力，你只需做好自己，提升个人的综合素质，培养高尚的道德情操和独特的人格魅力，一定会吸引优秀的女生。所谓"鲜花盛开，蝴蝶自来"。

严利：该怎么和女朋友交往呢？

心理专家：一是要树立正确的婚恋观。双方要坦诚相待，有困难的时候相互扶持，遇事多多体谅、尊重对方，让彼此共同成长，一起进步。要培养共同的兴趣爱好，并能够接纳对方的不完美。二是要遵循原则。恋爱就是恋爱，要保持纯洁性，不能做出非理性的事情来。三是要诚实、文明礼貌、大方得体。要光明正大，不隐瞒自己的实际情况，不去故意讨好对方。诚实最重要，恋爱中，一切美好的基础来自诚实。

心理专家提示

校园里的恋情是纯洁美好的，作为大学生，我们要摆正爱情与学业的关系，不能把宝贵的时间都用于谈情说爱而放松了学习。要树立正确的爱情观，用理智来驾驭感情。要明白，再贵重的财物都换不来真心相待。

兼职引发的心理问题

1. 十万火急，请求家里汇款

真实事件

阿阳上大三了，在同学们的印象里他朴实、安静，虽然话不多，但是对谁都很有礼貌。他在班里的学习成绩一直不错。他最大的乐趣就是闲暇时间上网。

最近，同学们觉得阿阳有了很大的变化，他总是很懒散、紧张、焦虑，经常低头摆弄手机，时而兴高采烈，时而垂头丧气，在图书馆、自习室都很少见到他的身影。宿舍的同学反映阿阳很晚都不睡，一直拿着手机聊天，偶尔还会从噩梦中醒来，连累旁边床铺的同学都休息不好。

正当阿阳的种种反常行为让大家各种猜测时，阿阳的爸爸风风火火地赶到了学校，经过交谈，老师才得知阿阳欠下了20000元的贷款。无论老师、家长怎么询问，阿阳都拒绝

回答任何问题。无奈之下，老师请来了心理专家，希望能帮助阿阳解决身心问题。

心理专家先给阿阳做了一个小测试——玩沙盘游戏，寻找理想的栖身地。看着沙盘上的假山、假水、假树、假动物……阿阳放下了戒备心理，向心理专家诉说了他的遭遇。

一次偶然的机会，阿阳在网络上搜到了一家超市的招聘信息，按照提供的电话联系到了老板。一直以来阿阳都想做份兼职，一来可以自给自足，二来可以向父亲证明自己不是一无是处。电话里双方聊得很投机，按照约定，两天后阿阳来到了这家超市。超市在居民区里，店面不算大，堆放了好多生活用品，小到牙签、棉棒，大到电视、洗衣机。超市初次留给阿阳的印象是有些杂乱，工作人员感觉也都很随意，跟大型超市相比感觉规模不大，也不是很正规。但是决定让阿阳留下来的是可观的收入：每月固定工资800元，虽然不算高，但是不用坐班，可以利用网络进行线上操作；如果能够介绍顾客加入，按45%提成；新员工的福利是投资800元可以入股，一年后分红。阿阳觉得很划算，足不出户就能保障800元稳拿，再介绍同学、亲朋好友加入的话，算下来每月也有2000~3000元收入，他毫不犹豫地答应了。一个

月后，阿阳拿到了800元底薪。老板告诉阿阳如果不能介绍顾客加入，就不再提供底薪了，不过可以考虑给阿阳提供贷款，这样阿阳以顾客身份投资入股，既能享受提成，还可以每月保障底薪。于是，阿阳从老板手里借了20000元，高高兴兴地入股了。想着年底分红的利润，阿阳有了当股东的自豪感。然而，令阿阳没有想到的是，分红之日却人去楼空，超市已经没有了。和老板联系，却得到了欠债还钱的催促，利滚利后，需要还款40000元。老板威胁说如果不能如期偿还，就找讨债公司解决。受到惊吓的阿阳十万火急地给家里打电话，请求老爸赶紧汇款。

　　心理专家听了阿阳的遭遇，认为他由于盲目追求经济利益，导致在兼职过程中遭遇诈骗，身心都受到了伤害，需要对其进行心理疏导，加强社会化教育，增强法律意识。

阿阳：借款合同上有我的签字，会让我还钱吗？

心理专家：超市老板私自放高利贷是违法的。他利用人们对利

兼职引发的心理问题

益最大化的盲目追求，以低投入、高回报为诱饵，使大家上当受骗，这样的例子在生活中屡见不鲜。整个事件中，你属于被欺骗的受害者，你可以打电话报警，不要惧怕他的恐吓。以后这种"占便宜"的思想要不得，没有天上掉馅饼的好事。你要吃一堑，长一智。

阿阳：怎么会遇到这样的事情呢？

心理专家：社会生活远比学校和家庭复杂，平时上网要多加防范和注意。一般被骗上当的人都是抱着占便宜的心理，觉得自己得到了实惠和好处，任何事情都是公平的、相对的，没有努力的过程，当然得不到收获的结果。谁都愿意心想事成，但是，只有想法，没有行动，一切都是空想而已。超市老板的骗局并不高明，为什么会吸引你一步一步走入他设计的陷阱呢？这一点需要你个人深刻反省，多问问自己是不是贪心了，是不是超出了一个大学生的行为界限呢？整个事件中是什么原因驱使你自己愿意按他说的去实施呢？对于超市的资质、其他员工与老板的真实性、借款合同的具体内容等这些重要的信息有没有认真进行核实呢？有没有让懂得法律的人帮助把把关呢？大学生进入社会时，要细心留意生活的每一个小细节，多保持警惕性。

阿阳：今后如何避免类似的事情？

心理专家：要提高警惕性，确认网站网页的真实性。在浏览正规网页时，不要搭理自动弹出的网页或网站。要克服贪小便宜的心理，要懂得调查和思考，在此基础上做出正确的反应。要保持清醒，做到三思而后行。要提高防范意识，及时确认联系方式的真实性。对于联系方式，可以拨打114核实。要学会"听、观、辨"，即听其言、观其色、辨其行。要懂得用理智去分析问题，对比在常理下应做出的反应后再做决定。还有，要遵守大学的规定，随意借贷是不允许的，不能贪心过重。给你两个建议：一是专心学习，把分内的事情干好，要知道自己现在是什么身份；二是回归集体，多参加学校的活动，如假期去山区支教、做公益活动等，你的心就收回来了。

阿阳：看来以后我要多学习社会经验，未雨绸缪。

心理专家提示

大学生一般都有"十年寒窗"的经历，与社会接触较少，思想单纯，对一些人或者事缺乏应有的分辨能力，更少有刨根问底的习惯，对于事物的分析往往停留在表象上。大学生需要理智克服虚荣心、不作分析的同情、贪占小便宜、轻率、轻信、好逸恶劳、想入非非、易受暗示、易受诱惑等不良心理。

2. 当家教的烦难

真实事件

小怡来自一个小县城，不仅人长得漂亮，还特别能吃苦。由于家里有一个比小怡大十岁、生活不能自理的哥哥，小怡总是想方设法利用业余时间出去打工来补贴家用。

大三的暑假，小怡放弃了回家，因为她找到一份家教工作，和家长谈好每天给学生补习英语，价格是1小时50元，工资以日结算。

可是，暑假过后同学们回到学校发现小怡没有了以前的开朗，显得心事重重。大概十天以后，小怡找到校医说自己失眠多梦，不想吃饭，胸口很堵。校医为小怡做了相关检查，发现没有器质性病变，建议她找心理专家做心理疏导。

心理专家给小怡泡了一杯热茶，伴着舒缓的古筝乐曲，透过淡淡的茶香，小怡觉得自己放松了很多，跟心理专家谈起了这个暑假的经历。

大学生心理问题解决方案

　　对于暑假这份家教工作，小怡很珍惜，因为即将毕业，提早找一份兼职可以锻炼自己的能力，丰富自己的社会经验，更重要的是小怡很需要一笔钱。暑假前妈妈打来电话说爸爸突发脑出血住院，幸亏抢救及时，人已经渐渐康复，但因为手头拮据，跟亲朋好友们借钱，欠下了外债。出院后，妈妈把能还的都及时还上了，现在就差借舅舅家的1000多元钱还没有还。虽然舅舅说不用还了，可是妈妈心里还是过意不去。

　　小怡决定利用暑假挣些钱还舅舅，便找到了这份家教。开始，学生家长很守信用，按之前说好的每天付给小怡50元钱。一周后，学生妈妈跟小怡商量，能不能给孩子再补一科语文，把日结工资改为月结，一个月后直接付1500元补习费。小怡盘算着自己不吃亏，除了能帮妈妈还债，自己还可以余下部分作为生活费，于是欣然答应了。为了对得起这笔"大钱"，小怡做足了准备工作，尽职尽责地辅导学生。一个月眼看就要到了，不曾想学生家里发生了偷盗事件，学生妈妈的一条珍珠项链不见了。发现项链不见那天，家里只有小怡和学生两个人，学生妈妈以此为借口，没有付给小怡补课费，还说等开学要去学校反映情况。

兼职引发的 心理问题

虚有的"罪名"让小怡很受伤。钱可以不要，但是她担心家长找到学校，自己百口莫辩。

听了小怡的讲述，心理专家认为，由于学校生活环境单纯，小怡的自我保护意识不强，小怡遇到了要赖不付钱的家长，使自己陷入危机事件当中，又没有有效的解决办法，导致思想压力加重，需要及时疏导。

心灵交流

小怡：我不是第一次做兼职，但从来没有遇到过这样的事情。

心理专家：社会生活充满了复杂性、不确定性。我们以往的经验是静态的，可以用来做参考，然而，现实生活是动态的，我们需要随着变化及时做出相应的调整和应对，不能照搬经验。

小怡：这一个月我费尽心思帮助学生提高成绩，没想到最后竟是这样的结局。太委屈！太冤枉！

心理专家：对你的努力，家长非但不领情，还冤枉你，的确让人很气愤。不过，生活是公平的，虽然你没有挣到钱，但却也不是一无所获。

小怡：我没有把自己赔进去就不错了，哪里还有收获呢？

心理专家：生活阅历、兼职经验都是你的收获。通过这件事情你最起码明白了社会的复杂性。学校生活相对简单些，进入社会后会遇到形形色色的人、各种各样的事，多一些挫折与经历总比一片空白要好。

小怡：如果家长找学校怎么办呢？

心理专家：很明显，为了不付钱，家长利用了你的善良和单纯。既然你没有拿走项链，就要用法律武器来捍卫自己的尊严，讨还自己的清白。你可以打电话报警，请公安机关介入调查；也可以找学校的老师、同学说明情况，请他们帮忙讨要欠款。

小怡：想想以后都不敢做家教了。

心理专家：无论哪一种工作都有它的利弊。以后的工作中，要考虑签订协议、合同之类的有效文书，以避免外界风险给自己带来不必要的麻烦。比如，遇到需要和辅导学生独处时，遇到家里只有男（女）主人时，遇到尴尬场景时，该如何应对？这些问题都需要提前考虑、提前预防，做充分的准备工作。在哪里跌倒、怎么跌倒都不重要，重要的是跌倒之后怎么做。你要记住一

兼职引发的心理问题

点：为人老实可以，但不能被人欺负。要通过正当途径讨要自己应得的劳动报酬。

心理专家提示

大学期间做兼职、勤工俭学的行为是值得肯定的。在知识储备、学习技巧等方面，大学生已经具备了相当丰富的经验，但是面对复杂的人际关系、各类突发事件的应对等还有待提高。学习之余，大学生应加强个人综合素质的培养，在哲学、心理、人文等领域拓宽自己的知识面。要学会与自己独处，养成深刻思考的好习惯，遇到突发事件时，才不会慌了手脚。

3. 遇到赖账的人以后

真实事件

小柳是一名大三的学生,利用暑假时间,他来到一家网吧做主管工作。虽然工作辛苦,但是在这里他学到了很多实用的网络技能,为今后步入社会积累了经验。

开学后,同学们看到小柳都感到很意外,不知道在这个假期小柳的生活中发生了什么事情。最近,上课时他经常走神,精神无法集中。听宿舍同学反映,小柳晚上经常翻来覆去,休息不好。看到他的表现后,老师找到小柳,想跟他了解情况,但是小柳对老师的帮助似乎很抵触,什么都不说。于是,老师带他找到了心理专家。

心理专家带领小柳做了几组深呼吸,进入发泄室,通过沙袋出气法,帮助他放松了绷紧的神经和身体,他开始讲起了这个暑假的遭遇。

怀揣着对工作的热情,小柳做起了网吧主管。在人

兼职引发的心理问题

来人往的顾客中，他遇到了自己的同乡。由于两个人的年龄相仿，很快就熟悉了起来，成为了无话不谈的好朋友。一次，同乡来网吧上网没有带现金，小柳帮他垫付了费用。可是后来，同乡这种上网不付钱的次数越来越多，眼看到月底结账，小柳算了算同乡欠下的金额达500多元。小柳几次催促同乡赶紧还钱，可每次他都找各种理由拒付。一边是网吧的利益，一边是同乡好友，让小柳左右为难。无奈之下，小柳从自己的工资里先替同乡还上了这笔欠款。

可是，同乡却并不领情。小柳觉得同乡太厚颜无耻了，决定给他点颜色看看。趁着夜色浓重，小柳来到同乡租住的小区，找到了他经常骑的电动车，动手扎车胎，不曾想被车主发现并报了警。原来，由于小柳"做贼心虚"，紧张慌乱中误把别人的电动车看成了同乡的车子，真是偷鸡不成反被啄。

听了小柳的陈述，心理专家认为，由于小柳缺乏社会经验，在校生活单纯，对人没有设防心理，导致他财产受到了损失，身心受到了影响，需要及时疏导。

心灵交流

小柳：没见过这么耍赖的人。

心理专家：这就是现实。现实中的每个人都是独立的个体，恰是形形色色的人，才丰富了我们的生活。生活不会以我们的意志为转移，也不会按我们的预定和设想来发展。不过，再变化莫测，也是万变不离其宗。要掌握生活的技巧，了解生活的无常，做足准备，正确面对。其实，耍赖的人为数不多，但现实里的"老赖"却也屡见不鲜，所谓"害人之心不可有，防人之心不可无"。

小柳：本来是帮人，却害了自己。

心理专家：助人为乐是我们中华民族的优良传统，值得提倡，但应该对需要帮助的人施以援手，而不是对好逸恶劳的人送以同情。如果仅仅是自己帮助的对象出了问题，还可以挽回；如果被自己的坏情绪牵引走入迷途，就是得不偿失了。冷静思考一下在整个事件中自己扮演了什么角色呢？从开始的"哥们义气"就为"害"自己埋下了伏笔。一个不懂得感恩、不遵守规则的人是不值得为他提供帮助的。当你的帮助无法唤醒一个人良知的时候，就该及时让自己停下来了。

兼职引发的心理问题

遇到"老赖"确实让人气愤，不过气愤也是需要保持底线的。绝对不能自以为是，更不能为了出口气做出违法行为，否则就是搬起石头砸自己的脚。

小柳：我以后谁都不帮了。

心理专家："一朝被蛇咬，十年怕井绳"的思维是需要摒弃的。生活中，谁都避免不了会犯错误，错误不是重点，重点是今后如何避免错误，避免重蹈覆辙。就这件事而言，你自身的处世之道是否存在一定的误区呢？"老赖"的行为带给你什么启示呢？今后如何对待有这样行为的人呢？这些问题都需要你深刻思考，从失败中接受教训。

小柳：进了一次派出所，会影响我的以后吗？

心理专家：你要相信法律的公正。同乡错误在先，他需要为赖账的行为付出代价。你的行为在情感上让人可以理解，但是在法理中确实存在不当，欠考虑。你要勇敢地面对事情的结果，积极赔偿车主的损失，获得车主的谅解，是可以降低负面事件带给自己的影响的。

小柳：今后我该如何与人相处？

心理专家：人间自有真情在。要相信世界，相信社会。当你对世界温柔以待，世界回馈于你的就是最美好的期待。要从多个角度、多种层面看问题，切忌以偏概全。日常生活中要多与人交流沟通，了解人的多面性。有时间多参加公益活动，提高自己各方面的能力。

心理专家提示

大学生走出校门接触社会、了解社会、积累社会经验是非常有必要的，不仅是为了锻炼能力，获得社会经验，还为以后求职增加砝码，对将来毕业找工作非常有帮助。大学生需要了解社会生活的多样性，培养自己的应变能力，规避因为涉世不深带来的风险。兼职前要对工作性质、工作环境等做一些针对性的调查、预防性的规划等，避免不必要的问题出现。

自身形象引发的心理问题

1. 悄悄束胸

真实事件

同学们都记得刚上大学时的珠珠，身材厚实，皮肤水嫩、白里透红，虽然眉眼不算清秀，但是浑身上下散发着一股青春的朝气。她仗义，爱打抱不平，是名副其实的"女汉子"。

最近同学们发现珠珠有些反常，体形消瘦了不少，皮肤也没有了光泽，很多时候给人的感觉是有气无力的。大家建议她去看医生，珠珠说自己在减肥，等达到了标准体重就好了。

一次她在和同学们看电影回来的路上突然晕倒了，吓坏了同学们，于是赶紧找来校医。当校医给珠珠做身体检查时惊讶地发现，珠珠的胸部被束腰带紧紧地勒着，严重影响了呼吸。经过检查，珠珠没有大碍，校医建议同学们联系珠珠的家长带珠珠去找心理专家帮忙。

心理专家接待了来访的珠珠母女。珠珠不怎么讲话，据妈妈介绍，珠珠的特长是绘画。心理专家找来一张白纸和一支铅笔，让珠珠随意画。通过观察珠珠的绘画顺序、笔触等，心理专家大致判断出珠珠的性格为内柔外刚，有自卑心理，负面情绪多而杂乱。珠珠没想到，仅凭一幅画，心理专家就对自己这么了解，顿时对心理专家充满了信任，于是打开了话匣子，说了起来。

爱美之心，人皆有之。虽然珠珠有些胖，但并不影响她对时尚和幸福的追求。在一次联谊会上，她认识了另一所学校一个大三的男孩，情窦初开的珠珠对他展开了疯狂的追求。可是男孩的一句话让珠珠很是郁闷，男孩说他不喜欢胖妹。哪有这样不靠谱的理由呢？为此，珠珠气得连晚饭都没有吃好。爱美的她开始有了小小的自卑感，以后走路时，她总是有意无意地缩着胸脯，就怕谁说她胸大、肥胖。

随着时间的推移，珠珠也想出去做兼职，她应聘到了一家美容机构做前台工作。本来已经通过了面试，但前台工作

自身形象引发的心理问题

人员要求统一着装，工作人员把其他员工的服装找来让珠珠穿，都不合适。一位顾客笑着说："还是肥大显得丰满啊。"又是"肥大"，敏感的神经让珠珠特别忌讳被人说肥大，当时她恨不得找个地缝钻进去。回到学校后，珠珠从网上购买了最小号的束腰带开始了束胸，初见成效。为了让进度更快些，她每天都把束腰带调到最紧，晚上休息的时候都舍不得松绑。效果是有了，但随之而来的症状也越来越多了。开始珠珠感到腋下有时候会疼，后来她老觉得胸闷气短，最近又经常吃不下饭，睡不好觉，浑身乏力。特别是到了生理期，胸部、腰部的疼痛感特别强烈。珠珠坚信这样的束胸会有效果，所以不顾及身体其他部位的感觉，直到和同学看电影晕倒在路上。

听了珠珠的倾诉，心理专家认为，珠珠因为胖被男生拒绝、被顾客说笑，现实的刺激让珠珠产生了自卑感，采取了盲目、极不科学的方式束胸，导致身体接连出现状况。表面上看珠珠是为了找回自尊、自信，实则是自卑。长此以往，会严重影响珠珠的身心健康。应及时疏导，让她改变错误认知，用科学的方式健身。

心灵交流

珠珠：看到别人标准的身材和正常的胸部，我就自卑，恨自己肥大，不养眼。

心理专家："身体发肤，受之父母"，我们的遗传基因很强大的，造就了独一无二的个体。每个人的身体素质、发育时期、生活环境不一样，身材好坏没有绝对的标准。正常的身体应该是健康的，与身体胖瘦、胸部大小无关。你拥有的身材，说不定就是被别人所羡慕的，有多少爱美的女孩不惜花重金去整容、隆胸。胸大不是错误，也不是缺点，你身上流露的朝气，对同学的豪爽，都是自然真实的。再美丽的容颜都有衰老的一天，只有内在的美才可以侵入人心，不随岁月流逝。

珠珠：如果胸不大、身材好，我就不会被拒绝了。

心理专家：我很理解你被男生拒绝的心情。身材厚实、胸大只是一种拒绝你的说辞，不能代表所有。每个人的欣赏角度不同，所以对相同的事物也会有不同的感受和理解。如果你以此为标准，以后遇到喜欢厚实身材的男生又该如何呢？外界的评判只能作为参考，一味被外界所左右的人很容易迷失自己。

自身形象引发的心理问题

珠珠：其实，我内心还是希望自己的身材更好些。

心理专家：这个要求不过分，"爱美之心，人皆有之"。乳房是女性第二性征发育的一个信号，是身体健康发育的标志，不应该人为干扰其发育。平时要选择宽大、舒适的衣服，走路时正常挺起胸，才能让身材保持更好的状态。要用科学的方法进行训练，你之前的盲目束胸万万不可取。束胸使胸部活动受到限制，会影响人正常的呼吸，在运动或跑步时让人感到气急，严重时可以影响心、肺等脏器。如果束缚过紧，使血液流通受阻，会引发乳腺炎、乳腺增生等疾病，甚至步入婚姻生活后，还会影响健康的哺乳喂养等。

好身材是靠练出来的，健身馆里所有专业的健身器材，修身养性的瑜伽，学校或是居住小区里的公共健身器材等，都是健身的好选择。平时你还可以进行游泳、跑步、骑自行车、健步走等运动，不但可以达到健体的目的，还可以磨炼心性、增强意志力。此外，你还可以咨询医院的专科大夫，如果真有束胸的必要，可以到商店购买，现在国内有好多正规的束胸衣，既健康，又有型，可以达到很好的效果。

珠珠：我该怎么振作起来呢？

心理专家：首先，要减少对这件事情的关注度，特别是对胸

的关注。要走出校门，多参加各类公益活动，选择健康的生活方式。其次，要注重提高内在修养，多读好书。心理越成熟就越不会在意别人的评价。再次，要培养自己的兴趣爱好，在完成学习的前提下，想一想自己的爱好是什么，如剪纸、摄影、书法、绘画、篆刻、针织、刺绣、古琴、唱歌、写作等，找到了就努力行动，让自己的生活更充实，就无暇顾及别人的议论了。

心理专家提示

大学生要注重提升自己的内在素质，让自己身心都健康。只有心理变得强大，才会更有力量。俄国作家契诃夫说过："人的一切都应该是美丽的：面貌、衣裳、心灵、思想。"

2. 准备去做双眼皮

真实事件

菲菲这几天不知道为了什么，总自己跟自己较劲儿。自从大三的暑假返校回来，她就气鼓鼓，对同学没有个好态度，好像谁都亏欠了她似的。同宿舍的同学还有几次听到她跟妈妈打电话大哭大闹的。

最近，她晚上不休息，拿着手机不知道在查什么资料到很晚，导致第二天无法集中精力上课，落下了不少作业。饭量也明显减少了，脾气越来越大。看到她如此大的变化，同学们把情况反映给了老师。

在老师的询问下，菲菲不断强调，只是做个双眼皮却没有一个人能理解自己、支持自己，她感到很伤心。老师认为菲菲因为做双眼皮的事情情绪不好，有必要带她寻求心理专家的帮助。

听了老师的简短介绍，心理专家递给菲菲一张白纸和一

支铅笔,让她将白纸纵向对折,左边画出自己眼中自己的模样,右边画出别人眼中自己的模样。当打开纸张时,菲菲看到了两个完全不同的自己。此时,心理专家跟菲菲卖了个关子,让菲菲把这段时间发生的事情讲述一遍,再给她讲解画中的自己为什么会不同。怀着对画的好奇,菲菲向心理专家说出了自己的不满。

  身高 1.68 米的菲菲凭着高挑的身材和姣好的容貌顺利地考入了艺术学校,为不久的将来能成为一名合格的演员做着不懈的努力和准备。暑假回到家里,观看综艺节目,里面有自己的梦中男神,在节目互动中有一个提问环节,主持人问:"你喜欢什么样的女孩子呢?"男神幽默地回答:"当然是喜欢如主持人这样,大眼睛、双眼皮的女孩子咯。"菲菲顿时有种被比下来的感觉,因为很久以来,菲菲都饱受自己是单眼皮的折磨,她认为单眼皮让自己很不完美,而将来从事艺术表演工作需要完美的外貌,她担心会影响以后的工作。

  为此,菲菲下定决心要改变自己的形象,她在网络上不断搜集查看各个整容整形医院,想通过微整形的方式让自己变得更漂亮。她的这个想法遭到了全家人的反对。菲菲带着一肚子的怒气回到了学校,准备偷偷去开眼角,做双眼皮的手术。

自身形象引发的心理问题

听了菲菲的一番话,心理专家认为,菲菲对自身外在形象不满意,存在以为只有完美的外表才会让自己拥有更好的未来的误区,需要进行疏导,改变她的错误认知。

心灵交流

菲菲:做了双眼皮手术我就再也不用担心什么了。

心理专家:能具体谈谈你担心什么吗?

菲菲:担心自己的形象不好,以后找不到好工作。

心理专家:来看看你刚才画的别人眼中的自己。

菲菲:别人眼中的自己知性、成熟、温文尔雅、漂亮、时尚……

心理专家:看来你在他人眼中是漂亮的,并没有因为你的单眼皮影响大家对你的高度评价。这样你还担心自己的形象不好吗?

菲菲:这样看来,好像真的不必担心。

心理专家:再来看看你眼中的自己。

菲菲：眼睛小，还是单眼皮，感觉没有别人眼中的自己好看。这是怎么回事呀？

心理专家：因为你对自己更多关注的是外表：眼睛大小，眼皮单双；而别人更多关注的是你的内在气质：成熟、知性、温文尔雅……通过这样的对比，你应该会有所感悟：内在美远远优于外在美。大家更喜欢内外和谐、表里如一的人格气质，外表会随着岁月发生变化，人格气质却是一辈子不变的财富。

菲菲：好多明星都整容，也挺好的。

心理专家：整容在一定程度上的确可以改变人的不完美，但是，医学整容是讲科学的，医学整容是为了帮助那些因为外伤所致严重影响到了患者的容貌，为了帮助患者恢复正常的生活和自信而采取的专业手段。不是每一个人都适合整容，也不是所有的整容都能让人更完美。近几年，整容不成反被毁容的例子有很多，只追求经济效益的非正规整容整形机构也很多。如果盲目追求整容效果，不经过专业的检查、测试就贸然整形，会带来很多后续的风险，比如，整容失败导致心理出现问题，药物过敏波及人的生命安危，药物在体内的不良反应导致终身不孕不育等。

菲菲：原来整容这么可怕，我想得太简单了。可是，有时我很不自信，怎么办呢？

自身形象引发的心理问题

心理专家：无论多么成功的整容都不会一劳永逸，再美丽的容颜也无法违背衰老的自然规律。只有心不老，美丽才会常在。如果真的要整容，最需要的是给自己的心灵"整整容"，给自己的心灵"洗洗澡"，让内心清洁起来。想让自己自信，要牢记三点：一是要在学习上下真功夫，把大学的知识学好、学深入、学扎实，知识储备得越多，思维就越客观，就越能正确地看待问题，正视眼前的一切；二是要走出去与老艺术家交流，真诚地向他们学习，从老艺术家身上学习做人的道理，明白艺术的真谛；三是要多参加学校组织的有意义的活动，愿意付出，愿意回报社会，多实践，了解社会最真实的一面，明白真正的艺术来自生活中。

菲菲：我知道该怎么给自己的心灵"整容"了。

心理专家提示

每一个人都有追求美的权利。关于美的标准只有仁者见仁，智者见智，没有绝对的美丑之分。当代的大学生应该对自己有更高的要求，一味地追求外在会让人趋于浮夸，脚踏实地地培养自己的内在才华才会受益终生。俄国哲学家别林斯基说过："人的外表的优美和纯洁，应当是他内心的优美和纯洁的表现。"

3. 总是把自己裹得严严实实的

真实事件

姗姗刚进入大学，虽然与同学们还不是很熟，但姗姗给大家的印象很深刻。虽说九月已经退去了夏日的炎热，但是军训的体能训练还是让同学们汗流浃背，好多女生在休息时间会找个阴凉的地方，暂时脱掉迷彩外套透透气。可是，姗姗从来都是把拉链尽量拉到脖颈处，从头到脚捂得严严实实，更不会因流汗脱下外套。有些好奇的女生嚷嚷着要帮姗姗"减负"，却遭到了姗姗强烈的拒绝，为此，她总是离同学们远远的，独自在角落里。

大一的女生宿舍里，同学们来自天南海北，各自不同的生活经历让大家有聊不完的话题，姗姗却从来不参与其中。更让舍友们不解的是，姗姗总是等熄灯后才上床休息，即便是去公共浴室洗澡，她也从不与人结伴，总是等到很晚人少之后才一个人去。从入学开始，同学们就没见姗姗穿过短衣

自身形象引发的心理问题

短裤，更别说穿裙子了。同学们很纳闷儿：姗姗的容貌、体型姣好，对穿着打扮怎么这么随意呢？开始，同学们以为姗姗就是喜欢独树一帜，渐渐地，大家发现姗姗越来越孤僻，对集体活动总是回避，特别是晚上，舍友们经常听到姗姗说梦话，有时哭着醒来，辗转反侧。

舍友中有姗姗的老乡，也许是因为家乡人的亲切感，让老乡有机会了解了姗姗入学以来的种种异常。姗姗说近来她经常烦躁、紧张、出冷汗，感觉同学们总是用异样的眼光看着自己，背后议论她的穿着打扮，姗姗很烦恼，心里有种压抑感，连续两个月的月经紊乱了，还经常头痛，没有了以前的朝气。

老乡觉得姗姗的心理和身体都出现了问题，建议她找心理专家做一次专业的咨询和疏导。

心理专家利用呼吸法，先让姗姗跟随着乐曲里的口令：吸气—吐气……如此循环了三遍，直到姗姗的身体彻底放松下来。然后，心理专家让姗姗微闭双眼，听轻音乐。美妙的音乐让姗姗感觉很舒服，她慢慢诉说了她的经历。原来，成为一名模特是姗姗从小的梦想，从五岁开始，父母就培养她学习钢琴、国标舞蹈，多年的艺术熏陶和刻苦训练让姗姗从

骨子里透着一股艺术气质。也许是天生丽质，也许是命运垂青，之后的十年里，姗姗不忘初心，不断地完善自己，有时间就参加各类大型公益模特表演，渐渐奠定了扎实的基本功。如很多少男少女一样，姗姗怀揣着自己的梦想，对未来充满了希望。可是，命运有时候会让人猝不及防，姗姗的模特之梦在一次聚会之后破碎了。

在爷爷的生日宴上，亲朋们围坐一桌，大家都用羡慕的眼光和口吻夸奖着姗姗的气质、容貌，畅想着姗姗美好的未来。就在大家尽兴时，隔壁餐桌的一群年轻人因为饮酒过度打起了群架，姗姗家的餐桌被两个冒失的年轻人无意中撞倒，恰巧，一锅滚烫的火锅汤洒落在姗姗身上……姗姗被紧急送往医院救治，可是，姗姗的胳膊、前胸、左小腿留下了非常明显的伤疤。后来，虽然当事人尽其所能进行了赔偿，父母也带着姗姗跑了几家医院诊疗，但是都没能去掉疤痕。每每看到身上的疤痕，姗姗就心如刀绞。从此以后，姗姗就把自己裹得严严实实的，不喜欢接触外界，不敢再看模特表演……也因此她彻底放弃了模特专业，改学平面设计。

心理专家听了姗姗的讲述，理解了姗姗到大学后的一些"反常"表现。烫伤事件让姗姗在上大学之前就有了自卑感，

自身形象引发的心理问题

而父母把更多的关注放在了治愈姗姗的身体上，忽视了姗姗的心理感受，导致烫伤事件在姗姗内心积压，很多负面的情绪没能及时化解。心理专家认为，需要对姗姗进行疏导，改变她的错误观念，使她能放下心理包袱，尽快适应大学的新环境。

心灵交流

姗姗：我感觉自己是最倒霉的人。

心理专家：不幸事件的发生的确让人一时难以接受，我们既然无法改变事实，那就改变自己的认知。你被烫伤了，结果是必须放弃自己热爱的专业，远离人群，是这样吗？

姗姗：难道还会有其他的结果吗？

心理专家：有！烫伤事件发生后，你对它产生了一种消极的看法：我最倒霉、最糟糕。结果就是你现在的退缩、回避，不愿意面对曾经热爱的模特表演，不愿意与人接触，想到身上的疤痕就自卑。但是事件本身并不会导致这样的结果，是你对事件的看

法（态度）导致的。如果换一种感恩的角度来看待烫伤事件呢？

姗姗：我被烫伤了，还要感恩？我不知道该感恩谁。

心理专家：感恩一直陪伴在身边、不离不弃地带你求医问药的父母；感恩现代烧烫伤治疗技术的进步，把你的病痛、损失降到最低；感恩自己的身体还健康，可以去想去的地方，可以做想做的事情，可以享有与他人同样的权利和义务；感恩意外事故给了自己更多思考的时间，有机会重新规划自己的未来……这样想的话，还觉得自己糟糕、倒霉吗？

姗姗：倒霉的感觉似乎没有那么强烈了。

心理专家：很多时候不是事件本身的问题，而是我们解决问题的方法和看待事情的态度出了问题。其实，生活中身残志坚的例子数不胜数。伟大的物理学家斯蒂芬·威廉·霍金面对命运带来的挫折不是自怨自艾，正像他自己说的："在我21岁时，我的期望值变成了零，自那以后，一切都变成了额外津贴。"前不久我看过的报道，一名从出生就无手无脚的残疾儿童凭着坚强的意志学会了游泳、滑冰等项目；一名有眼疾的模特在失明后依然活跃在舞台，执着着自己的梦想。

姗姗：我总是感觉同学们在背后议论我。

心理专家：生活中我们的感觉更多的是来自自己的揣测，有

自身形象引发的心理问题

没有同学议论光靠感觉是不够的，你可以向同学们去了解，用事实证明远比猜测更准确。即便真的有同学议论，你也要理性思考，同学们为什么会议论？自己应如何看待同学们的议论？理清事实真相，才可以有则改之，无则加勉。比如，你一直把自己裹得严严实实的，这种"与众不同"难免会被同学们议论。换位思考，如果你见到一个这样的人会不会也想评说些什么呢？做一个有趣的小测试：想象在晴朗的一天，你穿着一双雪白的松糕鞋，坐在公园的椅子上自在地闭着眼睛，享受着阳光的温暖和生活的惬意，这时，突然有一个人狠狠地踩了你一脚，雪白的鞋子上留下了脏兮兮的脚印，这时的你会有什么反应？

姗姗：我会生气，会指责他走路不长眼睛。

心理专家：当你发现他是个盲人时，你会怎样？

姗姗：我会心疼他，会选择原谅，也许还会陪他走一段路。

心理专家：就如你身上的伤疤，不论怎么遮掩、怎么包裹都不会消失，与其不断地遮掩，不断地逃离，不如坦诚地面对，恢复以往的穿着，至少在什么季节穿什么衣服，相信每一位知道你故事的同学都会被你的勇气所感动。相比留在身上的疤痕，良好的、积极的精神状态会在同学们心里留下更加深刻的印迹。在意疤痕的是你自己，同学们更在意的是一起奋斗过，一起走过青春

岁月的伙伴们开不开心，是不是互相惦记着……

姗姗：我一直不能接受被迫选择其他专业，怎么办？

心理专家：你一直没有接纳突发事件给你带来的变故，所以才会有被迫的感受。你认真回忆当初改选志愿的时候，真的是被迫吗？你有没有主动参与志愿选择？最终拍板定下来学习平面设计专业的那个人是谁？这么多专业为什么选择平面设计？其实平面设计专业和你的模特梦想之间有着千丝万缕的联系，因为艺术都是相通的。现在新兴的平面模特这个行业也是有很大的发展空间的。俗话说："不能一条道走到黑。"即便你真的如愿从事了模特行业，到了一定年龄也可能要退下来做幕后工作，比如服装设计、舞美设计、平面设计等，你现在可以把几年后要做的工作提前来做，储备知识，积累经验，比等到转行之后再开始学习还有更多优势呢！要干一行，爱一行，没有人天生就对什么感兴趣，很多兴趣点都是在实践中发现的。

姗姗：我该怎样改变自己呢？

心理专家：你可以和同学们一起参加集体活动，和室友或老乡一起去洗澡，换上自己喜欢的衣服等。改变自己不是一朝一夕的事，当习惯了固有的思维和生活模式后，改变常会遇到阻力，容易退到原点，止步不前。为了防止自己不能坚持，你可以写一

自身形象引发的心理问题

份计划书，让老师、同学帮忙监督。你可以每天坚持把自己的改变记录下来，总结哪些改变是短期可行的，哪些改变是需要长时间坚持才能见成效的。

姗姗：我尝试着改变一下自己吧。

心理专家提示

每个人都是独立的个体，每个人的人生轨迹都不相同。精彩的人生从来都不是按部就班的，需要我们给自己注入更多的能量。作为新时代的大学生，前途是无可限量的，精彩的人生要经得起困难的考验，就如脚下的路不会一直都是笔直平坦的，人生之路也有沟壑险滩，需要有迎接挑战的勇气和信心。

欲望强烈引发的心理问题

1. 发现同学兼职挣钱多以后

真实事件

小边读大二，她有个闺蜜叫杜鹃，两个小姐妹既是同乡同班，又是同宿舍，她们同吃同住，一起逛街购物，一起休闲娱乐，好得像一个人似的，同学们都非常羡慕她们的铁杆友情。

眼看暑假临近，同学们却发现曾经的姐妹形同陌路，她们有意地躲避着对方。特别是小边最近变化更是明显，她经常一个人呆坐很久，时不时会哭泣，对其他同学也没有了往日的热情。小边平时爱干净，以前都是她帮助大家整理宿舍、打扫卫生，现在她连自己都懒得收拾了，更别提宿舍卫生。有时候为了躲避杜鹃，她连到食堂打饭都不想去，更不

欲望强烈引发的心理问题

想回宿舍，总是待在自习室很晚才回来洗漱休息。她还经常忘记同学们交代她的事情，有一次忘记了告诉同学去车站接家长，被同学埋怨了很久。老师也发现了最近小边和杜鹃的种种变化，分别找她们两个人谈话，却怎么也问不出个所以然。

一天傍晚，小边被杜鹃的男朋友拦在了回宿舍的路上，男生质问小边怎么会这么无耻，对自己的闺蜜居然能下得了狠手。小边极力辩解，却没有说服男生，他们的吵闹引来了很多同学围观。小边哭着跑回了宿舍。第二天，小边哭着找老师申请办理退学手续。

老师注意到最近小边的"反常"行为，感到了事情的严重性，于是打电话请来了小边的妈妈，并建议带领小边去找心理专家进行心理疏导。

心理专家热情地接待了母女二人，听了小边妈妈的诉求，思考了一会儿，就带着小边来到了沙盘前，请小边随意摆放各类小物件。小边数次摆放，数次推翻，反反复复中缓解了愤怒与委屈，她流着泪向心理专家倾吐了憋在心里许久的"包袱"。

两个小姐妹原本相处得很融洽，但两个人出现"反目成

仇"是从杜鹃兼职做微商开始的。杜鹃的妈妈经营着一家童装实体店，随着网络的发展，凭借着对时尚的敏感度，杜鹃妈妈的眼光瞄向了追求时尚的大学生们，也是出于培养女儿经商意识的初心，妈妈建议女儿建一个大学生群，依据学生们的眼光、喜好、经济条件等面向大学生推销生活用品、时尚礼品等。杜鹃负责推广商品、下订单，妈妈负责进货、发货，杜鹃很快就步入了兼职做微商的轨道。当时的小边特别支持杜鹃，帮她把自己的亲朋好友都拉进了群，壮大了购物队伍。一年下来，杜鹃不仅有了可观的经济收入，还认识了好多男生，人气暴涨。杜鹃和小边在一起的时间少了，小边有一种被冷落的凄凉感。更让小边忌妒的是，杜鹃穿衣打扮的水准一路高升，和杜鹃在一起时，小边总有种被比下去的感觉。

在欲望的驱使下，小边终于没有忍住，第一次偷了杜鹃50元钱，居然没有被发现。于是，她的胆子越来越大，偷钱的数额也越来越大。每次看到杜鹃被男生包围着，小边就生气。后来，她偷偷让亲朋好友撤出了杜鹃的购物群。有时候，小边与群里的好友私聊，故意诋毁杜鹃经营的商品都是假货。纸里终究包不住火，小边的所作所为被杜鹃发现了，

欲望强烈引发的心理问题

两个人彻底决裂了。

心理专家听了小边的讲述，了解了她内心的忌妒。心理专家认为应对小边进行心理疏导，及时纠正她的错误行为，如果让忌妒加深，形成惯性，恐怕对她今后的学习和生活都将会带来更大的伤害。

心灵交流

小边：我想退学，离开这个是非之地、伤心之地。

心理专家：这是个办法，但不是一劳永逸的办法。离开学校容易，但是不再遇到类似的事、类似的人却很难。生活中我们会遇到各种人，有人的地方就有矛盾和是非，要让自己面对它，提高解决问题的能力，这样不管走到哪里，遇到怎样的人和事，你都能积极应对，从容化解。

小边：我们两个那么好，我又那么支持她，她不应该冷落我呀！

心理专家：我想请你谈谈你的理解，你认为什么是"那么

好"呢？什么是"支持"呢？

小边：好就是好呗，我也不是太明白好的含义。反正以前我们两个人做什么都是一起，不分彼此，感觉特别亲近。她冷落我，就是忘恩负义。

心理专家：这不是真正的好，是自私的好，是狭隘的好。你害怕失去，担心一个人无力面对，其实内心是想牢牢地捆绑着对方。杜鹃对你的"冷落"，仅是你自己单方面的感受。当局者迷，旁观者清，在其他人看来，是杜鹃太忙，每天被询问商品的人包围着，而你却沉浸在被冷落的情绪里，一个人把彼此的距离拉远，没有做到"做什么都是一起，不分彼此"。如果你跳出负面情绪，帮助杜鹃一起为咨询者们解惑答疑，会不会就少了被冷落感，多了不分彼此的亲近感呢？换个角度看问题，结果和感受会完全不同。

小边：杜鹃男朋友当众羞辱我，我感觉很受伤。

心理专家：杜鹃男朋友处理问题的方式确实不妥当，换位思考，你对杜鹃的所作所为是否也让她很受伤呢？真正的好友是彼此扶持，而不是相互拆台。出现问题不可怕，可怕的是不知道问题出在哪里。觉得自己不如别人的时候，要用实力来战胜对方，千万别被愚蠢和欲望冲昏头脑，拉自己下水的同时还给别

欲望强烈引发的 心理问题

人制造麻烦。记住一句老话："拆了别人的桥，自己的路也就断了。"解决问题的办法有很多，要择优而选，结局就会是另外一种情况了。

小边：我知道自己做的不对，可就是控制不住忌妒，无法面对她对我的冷落与独自发达、风光。

心理专家：忌妒是人类普遍存在的社交情绪，在现实生活中，每个人或多或少都能体验到这种情绪。在一定程度上，忌妒是可以克服的，可以正向转化的。比如，加盟杜鹃的微店，请她帮忙联络商业资源；或者自己另辟蹊径，在其他领域拓展，有所作为。"君子爱财，取之有道"，与其忌妒别人赚钱，不如琢磨如何让自己赚更多的钱。

小边：我不知以后该怎么面对她。

心理专家：用真诚对待。人无完人，没有人会不犯错。如何修正错误、减少伤害是需要用智慧来处理的。最好当面道歉，说清楚事情的来龙去脉，减少误会和尴尬。如果不好意思当面致歉，可以选择写信、微信等形式，承认错误需要勇气。另外，真正的友谊是建立在互相欣赏、互相鼓励、互相支持、互相体谅、互相包容的基础之上的。对方取得了成绩，要给对方祝福；对方遇到了困难与挫折，要给对方鼓励与帮助。真正的好朋友要雪中送炭，而不是忌妒，背后放冷箭。我给你三条建议：一是要多学习，开阔眼界，站得高一点，心胸就开阔了，忌妒心也就降低了。二是要多参加集体活动，把自己融入集体。大学生要广交朋友，不要把友情只寄托在一两个同学身上。三是要审时度势，大学期间最好不参加合伙经商，要把心思放在学习上。

小边：我现在心情好多了，知道该怎么办了，我会珍惜大学生活的，也会主动向杜鹃道歉的。

心理专家提示

人的欲望是把双刃剑，积极正向地利用欲望会增加动力，负面的欲望会带来伤害甚至是毁灭。其实欲望也好，忌妒也罢，人有七情六欲是很正常的，不必强行追求完美，而是要学着接纳自己的缺点并尽力克服，让自己变得更好一些。

2．天天生活在幻想之中

真实事件

小薇虽然是大二的学生了，但是给人的感觉还很幼稚。她在学习上从来不认真，每次考试只满足于及格。在生活上，她喜欢追星，明星们穿什么，带什么，用什么品牌的化妆品，她总是跟风效仿。她每个月的生活费都花在了穿着打扮上，月月向家里要钱。虽然她本人时尚漂亮，但是对维护宿舍里的卫生却从来不参与。其他同学帮忙打扫，她也从来不感谢，似乎是理所应当。在她的理念里，将来有一天嫁入豪门才是终极目标，生活中的琐碎小事不用自己去做。同学们觉得小薇是电视剧看多了。

看到小薇每天沉浸在各种幻想中，助教建议她去找心理专家做心理疏导。

在妈妈的陪伴下，小薇见到了心理专家。心理专家给小

薇播放了一首乐曲，在轻松的情境下，小薇向心理专家谈起了自己的心事。

以前的小薇是很努力学习的，她的转变是从某个同学嫁入"豪门"之后。小薇有一个要好的高中同学，毕业后没有考大学，而是参加了工作，一次偶遇让她认识了一名事业有成的男士，很快两个人步入婚姻殿堂，之后就过起了衣食无忧的生活。她每天都在朋友圈发自己的生活照，俨然一副阔太太的样子。时间久了，小薇的内心开始失衡了，想想自己这么辛苦地学习，到头来还是感觉看不到希望。同学嫁了有钱人什么苦都不用吃了，这令她非常羡慕。在小薇看来，同学之所以能嫁入豪门，凭借的就是一张漂亮的脸蛋，而自己比同学还有姿色，却没有遇到这样的好机会。于是，她天天处于幻想中，期待自己也能嫁入豪门。

听了小薇的心事，心理专家认为，小薇由于受到同学奢华生活的影响，产生了不劳而获的心理，逐渐导致她沉醉于幻想中，进而影响了自己正常的学业和生活，需要及时纠正她的错误思想。

欲望强烈引发的心理问题

心灵交流

小薇：我同学说，读好书不如嫁个好老公。

心理专家：人各有志，同学的想法适合她自己，未必适合你。没有付出就没有回报，即使是同学嫁了好男人，但是在这之前，她也在努力着。很多时候，我们只看到了结果，而忽略了他人的付出与艰辛的努力。

小薇：我之前也很努力，但是没有结果。

心理专家：不是每个人的结果都相同，也不是每个人的付出都马上有结果的，有的时候需要我们用长远的目光来看待问题。就如一株小草，拼尽全力破土而出，为的不是花开烂漫，而是装点春夏；一棵松柏四季常青，为的不是硕果累累，而是向严寒宣战。人与人的境遇不同、成长环境不同，所以没有必要非得和别人一样。要做自己，而且要做最好的自己，和自己比较，才会有更好的结果。

小薇：我该怎么做最好的自己呢？

心理专家：当下你应该正视自己的幻想，明白它来自哪里，是怎么产生的。当和同学作比较时，你认为无论是外貌还是学历

自己都优于对方，结果却是对方过上了让人羡慕的生活，这导致你的内心失去了平衡，这种不平衡让你无法忍受，内心纠结，很是困扰，于是你让自己远离现实，开始在幻想的世界里得到一种平衡。

小薇：老师，我就是这种感觉。

心理专家：你不仅要在思想上找到根源，还要在行动上约束自己。做最好的自己，就是要知行合一，行动是最重要的。第一，学习是头等大事，一刻也不能放松。平时你要主动向教授请教学问，多与同学讨论学习，讨论理想与未来。学问多了，人的思维就敏捷了，视野就开阔了。第二，在实践中、在集体中充实自己。大学的学生活动多，要多和同学们互动，相互关心，学习做人、做事。要有奉献精神，要知道同学之间相处都是相互的，不能只是享受别人对你的帮助。别人帮你打扫卫生，你就帮别人做点其他力所能及的事情，要懂得感恩。第三，要接地气，把眼前的事情做好，培养自己的一技之长，也就是要有真本事。有了真本事，别人自然会高看你、敬重你、爱慕你。要做真实的自己，积极向上，内外兼修，最终你全身都会散发出无穷的魅力。

小薇：现在我的思想问题解决了，但是如果同学们对我不友好怎么办呢？

欲望强烈引发的心理问题

心理专家：遇事要反思自己，从自身找原因。想想在与同学们的相处中，你是怎么做的呢？有没有感恩？有没有关心过同学？人与人之间需要真诚相待，当你改变了自己，把自己友好、善良、宽容、真实的一面展现出来时，同学们一定会接纳你的。

小薇：我会努力尝试去行动，让自己回到现实中，好好学习，全面提升自己。

心理专家提示

由于对物质利益的过度追求，一些错误的、消极的价值观念在很大程度上影响着大学生们，爱幻想的人不是少数。幻想可以让人暂时脱离现实，欲望得到满足，但是幻想并不能解决实际问题，还是要鼓起勇气，面对现实，用行动去克服困难。

3. 看见同学有了名牌包以后

真实事件

柳芸就读于一所大学的化工系，相比较其他系而言，化工系男生多女生少。从大一到大二，柳芸一直深受男同学的追捧，因为她不仅学习好，人也长得眉清目秀。与她旗鼓相当的还有同宿舍的小玥，大家喜欢叫她俩"两朵花"。

最近这段时间，细心的同学发现柳芸心事重重的，不再像之前那样活泼开朗了。上课的时候她经常趴在桌上睡觉；到了晚上，她难以入睡。她经常一个人留在宿舍，故意错开跟同学们一起结伴外出的时间。

同学们都觉得她生病了，建议她去医院看医生。可是柳芸总是以没有时间为借口回绝。

柳芸的变化引起了老师的注意，老师几次劝慰没有效果，就给柳芸的妈妈打了电话，建议带孩子去找心理专家进行心理疏导。

柳芸妈妈带柳芸找到了心理专家。心理专家让柳芸跟着音乐做了五分钟的冥想练习，在放松的状态下，柳芸向心理专家倾吐了自己的心事。

一直以来，柳芸和小玥都相处融洽，她们的关系发生改变是从暑假后。小玥暑假回来后背了一个名牌包，这个包恰巧也是柳芸喜欢的，可是不菲的价格，让柳芸放弃了购买这款漂亮的包包。每当她看到小玥背上了自己梦寐以求的包包时就会有一种酸酸的感觉。

周末大家都不在宿舍时，柳芸看着小玥床上的包包，心生忌妒，她拿过来背在自己身上转来转去，打开包包看了又看，爱不释手。这时，宿舍的室友们陆续回来，柳芸有些不舍得地把包包放回了原处。凭什么你有的我没有？忌妒心理占据了柳芸的头脑，柳芸开始对小玥偷偷地下手了。她偷拿小玥的卫生纸，为了不被发现，她不拿整卷，而是撕掉一半；小玥满满的一支护手霜她偷偷挤掉一半，还故意把书本压在护手霜上面"伪造"意外小事故。很快，小玥有了察觉，当她生气地询问室友们时，柳芸故意充当好人，劝小玥大度些。

此后，柳芸不但没有收手，反而更放肆了。趁大家都不在，她终于没有忍住，用小刀把小玥的包包划了一道口子，

大学生心理问题解决方案

这一幕恰巧被回来的小玥看到了,小玥哭着说:"这个包包是我表姐男朋友送给她的生日礼物,因为当时我说喜欢,表姐答应借给我背一个学期再还给她。现在,这么贵的包包被划坏了,我不知道该怎么和表姐解释。"她哭着找到了助教,助教训斥了柳芸。从此,柳芸和小玥的关系不那么好了,她的学习和生活也发生了改变。

听了柳芸的一番陈述,心理专家认为,柳芸因欲望产生了忌妒,导致报复心膨胀,给自己和别人都带来了损失,应及时进行心理疏导。

心灵交流

柳芸:现在我也不知道为什么,就是容不得谁比我好。

心理专家:与别人在外界条件基本相同的情况下,很容易滋生忌妒心理。在学校,你和小玥具有相同的优越感,没有太大差别,但是当小玥背回了你喜欢的名牌包后,你就觉得自己被比了下来,产生了消极情绪。消极情绪会让你失去理性,想破坏小玥超越你的那部分。当完全被这种思想控制的时候，憎恨感、对抗性的能量就会急剧增加，你会想尽一切办法消灭小玥的优越感，让自己的心理获得一种报复的快感。其实，破坏了别人的同时，你也置自己于道德的谴责中，这是损人又不利己的行为。

柳芸：现在我不知道该怎么面对小玥了。

心理专家：得失就在一瞬间，用刀子划破名牌包，你得到了暂时的平衡感，但同时你也会面临赔偿损失、失去友情的风险。你必须为自己没有理性的想法和行为负责，向小玥赔礼道歉。要有知错认错的态度，你可以和小玥的表姐取得联系，澄清事实，积极赔偿。

柳芸：这个包真的很贵，我不忍心让家里赔。

心理专家：父母把你培养成大学生确实付出了很多艰辛，再苦再难，他们都会全力支持自己的孩子，包括为你的错误买单。痛定思痛，积极赔偿是必要的。你可以和小玥的表姐商量分期赔偿。如果觉得对父母有愧疚，你可以让他们先垫付，然后自己利用假期去勤工俭学，用自己的劳动挣钱还给父母。这样既能给小玥、小玥表姐一个交代，又可以不给父母增加经济负担。

柳芸：这是个好办法。以后我该怎么克服自己的忌妒心理呢？

心理专家：忌妒心理是人性的弱点之一，是需要克服的。你

大学生心理问题解决方案

要先了解自己的弱点，当你能够接纳自己的弱点时，你自然就会正视它们，理性思考，这样就能避免消极的情绪产生。除了自我约束之外，你还可以通过回避的方式让自己暂时从攀比的环境中逃离出来，避免因情绪激动造成的非理性行为。比如，可以离开宿舍，主动和同学们一起外出郊游、做公益活动等；可以去图书馆看书、学习；可以主动和同学们谈心等，这些方式都可以让你克制冲动的想法，给不良情绪足够的缓冲时间。即便是"攀比"，也要正面、积极地比较，通过正当手段竞争，引发积极的竞争欲望，产生克服困难的动力。另外，我以朋友的身份给你一个忠告：不要忘了自己是个大学生，现在的主要任务是学习，不是贪图享乐。

柳芸：老师，听了您的话，我彻底醒悟了，我知道自己以后该怎么办了。

心理专家提示

作为大学生，要在完成学业的同时培养自己的成熟心理和健康人格。要通过树立坚定的目标鞭策自己、完善自己，要建立对抗不良欲望的心理机制。

宿舍同学引发的心理问题

1. 半夜，她数次推开六楼的窗户

真实事件

大一女生宿舍里，同学们都在说笑着，可是艳子却一筹莫展。开学三个月了，原本对大学生活的美好憧憬被这段时间发生的不愉快一扫而光。她无数次地想离开宿舍，离开学校，甚至开始怀疑人生。

周六，她又被室友媛媛骂了一顿，尽管开学才三个月，她已经记不清这是第几次被骂了。艳子觉得在这里度日如年，她无力应对这个"女汉子"室友，可是又不甘心被人这样羞辱，一种无力感在她心中蔓延。她想家、想奶奶、想记忆中的妈妈。已经是午夜时分了，她不自觉地又走到了六楼窗前，推开窗户，呆呆地望着漫漫黑夜……

室友们觉得艳子生病了,将情况反映到了老师那里,老师带她找到了心理专家。

心理专家见到低头不语的艳子,为她冲了一杯热气腾腾的咖啡,播放了几首悠扬的古典名曲,然后,心理专家让艳子闭眼冥想:想象自己来到一片沙滩,依靠在高大的椰树下面,听着海浪的声音……艳子很快就放松了下来,讲出了自己的心事。

艳子来自一个小山村的单亲家庭,跟着奶奶长大。她善良、单纯,没有什么心计。入学后,她和媛媛被分到了同一间宿舍。媛媛虽然有个好听的淑女名字,却是个名副其实的"女汉子",脾气大、嗓门高。第一次发生不愉快是开学一周后,艳子和媛媛的床铺紧邻,睡觉的时候她们两个人头对头,本来都躺下了,艳子却被媛媛给拽了起来,媛媛大声命令艳子"赶紧出去洗头发,这味道熏得人都不能睡"。室友们都被惊醒,艳子很诧异,说自己几天前已经洗过了,没想到却遭到了媛媛的嫌弃和白眼,一句"山里来的太不卫生了"的话很伤艳子的自尊心。因为她之前在老家没有经常洗澡、洗头发的习惯,刚上大学,对去公共浴室洗澡还有些不适应和抗拒,没想到这却成了遭人厌弃的理由。尽管第二天艳子

宿舍同学引发的心理问题

去洗了澡,但是心里的疙瘩一直没有解开。还有一次闹得不愉快是在午休时,爸爸给艳子发来信息询问大学生活,媛媛因为手机的声响不能入睡,直接就把艳子的手机关掉。从没有经历过这种事情的艳子不知道怎么办好,面对媛媛的指责、嫌弃,艳子只有躲避。很快,艳子就有了头痛、失眠、多梦等症状,特别是在夜晚,艳子总会不自觉地走到窗前待着,似乎只有在窗前,她才有片刻的轻松感。

听了艳子的话,心理专家认为,艳子是在大学新生活中因为地域、习惯的差异和同学发生了不愉快,导致问题郁结心中。由于艳子不善于沟通,不寻求帮助,自己一个人又不能化解,形成了心理负担,影响到身心健康,具有抑郁的倾向。需要正确引导,以免造成更严重的后果。

心灵交流

艳子:宿舍里没有我的立足之地。

心理专家:学校是个大家庭,宿舍就是你们的小家庭。每个

大学生心理问题解决方案

人来自不同的地方,有着各自不同的生活习惯,难免会有磕磕碰碰的时候。媛媛的行为确实不对,伤害了你的自尊心,不过,媛媛对你的不尊重并不代表其他人对你的不尊重,你可以尝试同其他人做朋友,或者请其他同学出面来调节。

艳子:她们都瞧不起我,找她们也没用。

心理专家:媛媛对待你的态度只是个别现象,不足以证明所有宿舍的同学都瞧不起你。以点带面、以偏概全的思维你要慢慢改变。你在卫生习惯方面确实存在一些问题,不过,正是因为存在问题才需要你做出改变。上大学不仅要学习知识,还要学习新的思维模式。你和其他同学不仅要交流学习,还要交流生活经验。你可以学习她们好的生活习惯,她们可以学习你的善良朴实。记住:大学里没有农村与城市的区别,只有彼此互补,共同进步。

艳子:我也想像她们一样,不过总是有种无力感让我放弃。

心理专家:无力感、无助感都来自不自信,来自对自己能否解决问题的不确定。如果你有好几个办法来应对媛媛的话,还会有无力感吗?比如,找助教反映问题,让宿舍管理员帮忙协调,心平气和地跟媛媛说说自己的感受,等等。当你有能力应对各种各样的问题时,你的内心就会充满力量。

宿舍同学引发的心理问题

艳子：如何让自己有力量呢？

心理专家：改变思维模式和看问题的角度，克服自卑，提升自信。比如，你可以大胆地放弃消极思想，进行正向比较：自己虽然来自农村，对大都市的生活还有些不适应，但是相对于城市的同学来讲，她们对农村的乐趣却未曾体会过，你们各有所长。有认清自己的勇气和决心，你才能真正成长。

艳子：我应该怎么和宿舍同学相处呢？

心理专家：要包容每个人个性的差异，主动关心室友，与室友分享快乐。发现室友的优点，要向她们学习，取长补短。当你成为更好的自己时，才会吸引更多的朋友。平时要多读书，通过读书提升自己的素养，所谓"腹有诗书气自华"。要多参加大学组织的各种活动，主动与同学交流，说出自己的内心想法。事情只要说出去了，心里就敞亮了。

艳子：我知道今后该如何与宿舍的同学相处了。

心理专家提示

很多大学生在进入大学之前基本没有离开过父母和家庭，被父母长辈视为"掌上明珠"，缺乏相关的社会经验和独立生活的能

力，不懂如何与人相处，加之习惯性地以自我为中心，导致在学习和生活中与他人的矛盾频发。只有学会用积极乐观的心态看待问题，不封闭自己，多与他人沟通，才可避免因心理问题造成的身心不良反应，为日后步入社会打下良好的基础。

2. 夜间同学手机的干扰

真实事件

一大早,大一的珍珍和小梅就找到了助教,两个人都委屈地跟助教哭诉着,强烈要求换宿舍。原因是珍珍和小梅两个人在宿舍的床铺紧邻,平时休息她们头对头,可是珍珍每天晚上都要看手机到很晚,手机的亮光让小梅无法安睡,两个人经常为此发生争执,谁都不让步,愈演愈烈。

因为晚上休息不好,小梅上课总是犯困,注意力无法集中。她担心一直这样下去会影响自己的学习成绩。珍珍这些日子也不好过,几乎每天都和小梅"打嘴仗",弄得自己做什么事都没有心情,连食欲也下降了。

听了两个人的倾诉,助教建议她们找心理专家,从心理的角度进行调节。

心理专家见到两个愤愤不平的女生,没有追问原因,先

大学生心理问题解决方案

让两个人做了一个合作绘画的小互动,要求两人共同完成一幅《和谐宿舍场景图》。看着由开始不肯合作到后来一起欣赏"佳作"的两个人,心理专家跟她们聊起了最近发生的事。

原来,珍珍来自单亲家庭,她的妈妈再婚后远嫁美国。距离不能隔阻母女深情,在珍珍进入大学后,她与妈妈一直保持着联系。由于妈妈在美国上班很累,珍珍不忍心打扰妈妈休息,她一直坚持每天晚上和妈妈上网交流。妈妈建议珍珍毕业后到美国深造,最近正在谈论上学的事情,所以珍珍晚上用手机到很晚。

小梅是个生活很有规律的女孩,一直遵循着早睡早起的好习惯,只要打乱了规律,她就睡眠不好,很容易头疼。

听了两个人的陈述,心理专家认为,珍珍和小梅都是大学新生,彼此了解不够,生活习惯不同,各自站在自己的角度看问题,利己主义严重,没有顾及对方,导致双方相互埋怨,不能正确处理矛盾。需要对她们进行心理疏导,改善两人的关系。

宿舍同学引发的心理问题

心灵交流

珍珍：我习惯了晚睡，没想到小梅不习惯。

心理专家：你的习惯不一定是他人的习惯，你应该学会站在他人的角度看问题。大学宿舍是一个集体，舍友每个人的喜好、习惯我们都要关照到，不能只想着自己的便利，忽略他人的需求。其实，大学不只是学习文化知识，更要学习做人之道，明白做人的道理。

小梅：没想到珍珍有这种特殊情况，早知道我就包容一下了。

心理专家：每个人都有自己的难言之隐，作为宿舍的室友，要经常沟通，相互了解，跳出自己的偏激、狭隘思维，多替室友着想。任何表象背后都有原因，明白了事情的真相，有助于做出正确的判断，否则就会使室友间积怨越来越深，影响正常的生活与学习。利己主义严重的人最大的问题是认识不到自己的认知发生了偏差，总是从个人角度想问题，最终的结果就是利己损人，甚至是既不利己也不利人。

珍珍：看来我影响到大家了，只是小梅离我最近，感受最深。

大学生心理问题解决方案

心理专家：大家生活在一起，的确需要考虑对方的感受，只一味想着自己的人是自私的。如果确实有解决不了的问题，最好征求大家的意见。其实，现在同学们都有包容之心，只要合情合理，大家一定能包容你，甚至支持你，给你创造条件。你要珍惜在大学的时光，要明白在能够给予你支持的集体环境里才是最开心的。要得到支持需要真诚的付出与努力，平时，你要主动一点，多给予同学帮助与支持，同学关系融洽了，学习和生活就舒心了。另外，你的行为有问题，同学指出来了，是为你好，是真正的朋友，你应该感谢同学才是，而不是反感，甚至与同学争吵。你是不是应该反思一下呢？

小梅：及时了解室友的情况也很重要。您能不能谈一谈怎么克服利己主义呢？

心理专家：是的，人与人之间的沟通很重要。同学们在一起共同生活难免会遇到这样那样的问题和不愉快，但是，无论怎样的问题，都需要沟通来化解。只有了解了彼此的需求，做出相应的改变，才能更好地与别人相处。克服利己主义首先要多学习，开阔眼界，明白做人的道理。其次要心胸宽广，能容难容之事。有了宽广的胸怀，生活中的一些小事就不会介意了。最后是要大方一点，不要在得失上斤斤计较，这样就能与宿舍的同学搞好关系了。

宿舍同学引发的心理问题

心理专家提示

在大学生活中，和室友们搞好关系很重要。要尊重他人，礼让他人。当出现矛盾时要用真诚的沟通和交流来化解，避免站在自己的角度去揣度对方，引起误会、猜忌，出现偏激的思想和行为。

自我治疗心理问题的方法

1. 呼喊疗法

呼喊的奇特功效

问：听说呼喊能解决心理问题，是吗？

心理专家：是的。呼喊不仅能解决心理问题，还能使心情愉悦、精神振奋。呼喊的时候，肺活量增大，心跳加快，能促进血液循环，有利于新陈代谢；还能使气血运行顺畅，使人的神经系统得到充分的调节，心情放松，的确可以缓解人的紧张情绪，解除心中的烦恼。

问：呼喊什么呢？

心理专家：呼喊你想说的话，把你的烦恼、委屈、郁闷、遗憾、希望全部呼喊出去。对谁有意见可以喊，想什么人可以喊，希望得到什么可以喊，有什么误会可以喊……要使胸里面的废气呼尽，感到顺畅为止。

问：在什么地方呼喊呢？

心理专家：在空旷无人的地方呼喊，最好到河边、草地里、山谷中。呼喊前，先暗示自己放松，然后调节呼吸，让气聚集在心中，再把郁闷一下子呼喊出去。这样反复进行，直到感觉心中的烦闷消失为止。

问：呼喊的时候应该注意什么呢？

心理专家：要注意调节呼吸，不能声嘶力竭地喊，要逐渐增大力量，使嗓音提高。要注意休息，学会保护嗓子。如果有风，要注意背着风；如果站着喊累，可以坐着喊、躺着喊，不要过于拘谨。外出喊话要注意安全，可以找几个相好的人一起去喊，大家有个照应。要注意坚持，不能半途而废，可以一个星期、一个月去外面喊一次，也可以天天去外面喊，要根据自己的身体情况与心理情况而定。

问：呼喊时放不开怎么办呢？

心理专家：先小声喊，逐渐加大声音，慢慢地就放开了。其实，只要选择的场地好，环境自然、幽雅，就不会拘束了。呼喊是一种心理宣泄，是自己呵护自己的一种手段，为了自己的身心健康，有什么不敢开口喊的呢？如果真的不好开口，可以找一个人带一下，跟着人家喊，就能放得开了。

心灵营养

　　呼喊可以使人尽快地排泄出心理垃圾，使人振奋；呼喊可以使人得到全身心的锻炼，增强人的心理适应能力。

2. 音乐疗法

音乐的奇特功效

问：音乐对心理健康真的有作用吗？听音乐真的能获得快乐吗？

心理专家：真的有，而且作用突出。生活中，细心、安静地欣赏音乐是获得快乐的有效途径之一。一个人心情沮丧时，当听到一首激情奔放的钢琴曲后，就会精神振奋，浑身有了力量；一个人疼痛得难以忍受时，当听到一首悠扬的古典乐曲时，疼痛感就会减轻。

健康、轻松、自然的音乐，可以使人心情舒畅、平和安逸，陶醉于美妙的音乐之中。心理实验证实，动听的、美妙的、抒情的、激情四溢的音乐，通过耳朵进入人大脑以后，对神经系统会有一个良好的刺激，并会对人的心血管系统、消化系统和内分泌系统产生一定的积极影响，促使人体内分泌出一种有益的化学物质，有利于人体的新陈代谢，使人精神饱满、心态平和。

此外，抒情的古典民乐、西方经典的乐曲对于镇静、安定、降压、调节情绪有特殊的作用，可以帮助人理智地分析问题，提高自己的控制能力，这是其他方法无法比拟的。

问：具体要听什么音乐呢？怎么听呢？

心理专家：一是要听喜爱的音乐。日常生活中，大脑对已经习惯的音乐会有条件反射，是一种自然生成的"安定剂"，奇妙无比。当遇到烦恼而不能马上想通时，就不要再去想了，越想越感到郁闷，心情会越糟糕，倒不如换换脑子，去听自己喜欢的音乐。听音乐前，要做好准备工作，心要先静下来，然后冲上一杯茶水，打开音响，微闭双眼，专心于音乐之中。最好选择一个安静的地方，在空气通畅的环境里，随着音乐的响起，信号逐渐刺激大脑，会让自己逐渐进入状态，滋润心理营养的物质会迅速在体内产生，使脑细胞处于活跃状态，神经系统能得到彻底的放松与休息，使人感到舒畅、心旷神怡。二是要养成听音乐的习惯。我国传统中医认为，"耳入音，乐在心，血脉涌，五脏安，心和气调也"。人们一天的工作压力很大，遇到的烦恼也比较多，每天都应该坚持听30分钟的音乐，养成习惯，以激情奋进的乐曲、抒情的乐曲、古典悠扬的乐曲为主。听音乐的过程中，要均匀地调整呼吸，充分发挥想象力，随着音乐节奏的高低、长短、轻

自我治疗心理问题的 方法

重，自然地把音乐想象为高山、流水、风、雨、云、雪、花、水中的鱼、花丛中飞动的蝴蝶、草原、大海、羊群等。三是要自觉地加入音乐之中。听音乐的过程，其实就是治疗心理疾病的过程。在倾注精力听音乐的过程中，如果自己也顺其自然、情不自禁地与之同韵，就犹如吃了养生安神的灵丹妙药，可以使人的心性趋于自然，久之必受益多多。

问：是不是必须用整块时间去听音乐呢？

心理专家：这不一定，应该根据自己的学习、工作等情况科学地安排，但要保证每天都坚持，这样才有效果。音乐是打开心灵之门的钥匙，是获得快乐的无价之宝。其实，无论你怎么忙，只要有心，都会有时间去欣赏音乐。关注自己的心理健康，就要把听音乐看作与吃饭、睡觉一样重要。比如，早上起床，先把音乐打开，听着欢快的音乐去完成出门上课前的各项准备工作，这样你会有个好心情；上学路上，根据自己的情况，在安全的前提下，可以把耳机准备好，边听边走，身心会非常愉悦，带着笑容进教室，肯定会对学习有益处；中午休息前，可以小声地听听喜欢的古典乐曲，这样对脑神经的休息大有好处；晚上放学以后，先不要吃饭睡觉，先听一曲轻松的音乐，10～20分钟后你就会得到真正的休息，心情好了，吃饭睡觉也香甜了。

大学生心理问题解决方案

问:睡觉前听音乐可以吗?

心理专家:可以,不但可以,而且效果非常好。睡觉前听几首舒缓的古典名曲,可以使脑神经得到充分的休息,让人进入安静、舒适的状态,有利于睡眠。曾经有一位女大学生因为考研的事情几乎无法入睡,十分痛苦,心理专家对她进行了音乐治疗,每天早、中、晚各听30分钟舒缓的古典乐曲,坚持半个月后,她很快就能入睡了。

心灵营养

音乐能给人无尽的力量,使人全身的每一个细胞都充满活力。去听音乐吧,音乐是打开心灵快乐之门的金钥匙。

3. 运动疗法

运动的奇特功效

问：听说运动能解决心理问题，缓解人的紧张情绪，是吗？

心理专家：生命在于运动，心情在于调整。紧张的大学学习与生活，有时会让人处于高压之中，让人的心情处于焦躁状态。适当运动，能使人筋骨舒展，肺活量增大，全身出汗，心跳加快，能促进血液循环，有利于新陈代谢，使人气血运行顺畅，神经系统得到充分的调节，的确可以缓解人的紧张情绪。一些睡眠不好的大学生，通过运动，改善了睡眠质量；一些焦虑的大学生，通过运动，心情平和了；一些抑郁的大学生，通过运动，精神振奋了。

很多感到内心压抑的大学生，听说运动能缓解心理压力，就盲目运动，结果不但没有解决心理问题，反而造成身体的严重伤害。为什么呢？是因为运动过度了。运动要讲究科学与健康，必须抓住"适度"这两个字，忽视了科学与健康，超了一定的"度"，

运动就没有实际意义了。运动"度"的问题关系到身心健康，一定要认真对待。

问：如何把握运动的"度"呢？

心理专家：把握住适合自己运动的"度"很重要。要保证运动不伤害身体，就必须清楚自己的身体状况，以在运动中不感到心慌、头昏、恶心、呼吸困难为宜。国外运动研究机构认为，中度运动对身体健康才有益，过度运动会缩短人的寿命。目前，适合大众运动的项目很多，有散步、慢跑、打乒乓球、做广播体操、游泳、跳舞、爬山、骑自行车、打羽毛球、爬楼梯、转呼啦圈等，要根据自己的情况选择合适的运动项目。

问：必须坚持经常运动吗？

心理专家：必须坚持经常运动，否则运动就没什么意义了。心理学家认为，以运动的方式调节心情，贵在坚持，坚持下去必然有效果。不能急功近利，马上就想见成效。要有毅力，持之以恒，天天坚持，每天根据自己的身体与心理状况进行运动，少则30分钟，多则3个小时，不能三天打鱼，两天晒网。为了能坚持运动，可以约几位志趣相投的同学一起运动，互相促进，互相激励，这样既能保证安全，又能起到约束自我的作用。

自我治疗心理问题的 方法

问：运动中应该注意什么呢？

心理专家：注意安全。运动中，应该把安全放在首位。现在户外的不安全因素比较多，要考虑周全，选择的运动场地要安静，空气要新鲜，尽量远离噪音的干扰。如果对身体情况不了解，可以先去医院检查，了解心脏、肺活量等情况，听医生的建议。运动前要注意不能吃得过饱，充分做好准备活动；运动中不宜大量饮水，注意增加衣服，以免感冒；运动后要注意全身放松，调节呼吸，逐渐把身体恢复到平静状态。

问：运动时可以思考问题吗？

心理专家：可以，但是要注意思考有意义的事，思考一些使心情舒畅的事，让自己沉浸在幸福里，身心才能得到充分的休养与调理。

心灵营养

运动有益身心健康，但是要把握好尺度。要找到适合自己的运动方式，特别是找到适合自己的运动量，否则有害无益。

4. 集体疗法

集体的奇特功效

问：听说参加集体活动能解决心理问题，是吗？

心理专家：是的。一滴水，如果不融入大海，会很快蒸发掉的；融入大海，能发挥出应有的作用。当你感到一个人孤独无助的时候，千万不要把自己憋屈在宿舍里生闷气，要勇敢地走出去，参加各种形式的集体活动。心理学认为，集体的温暖可以把冰冷的心融化，使心灰意冷的心重新振作，使遇到挫折而丧失学习与生活勇气的大学生从容面对人生。

问：参加什么样的集体活动呢？

心理专家：集体活动很多，要多参加健康而有意义的。可以加入音乐舞蹈行列。现在，很多大学的学生会经常组织大学生开展音乐舞蹈活动，大学生们也自发地组建了音乐舞蹈组织，同学们分工明确，你敲着锣，我打着鼓，你扭一段，我唱一曲，敲敲打打，好不热闹。欢快的队伍，让大学生感觉仿佛回到了少年时

自我治疗心理问题的方法

代，忘记了烦恼，自在逍遥。音乐舞蹈活动的运动量适当，有利于血液循环。大脑清醒了，腿脚麻利了，消化好了，睡眠好了，学习效率也提高了。可以加入大学生合唱队。参加合唱队，自己的声音与大家共鸣，可以使大学生感受到集体的温暖与力量。合唱时，随着发音的变换，音调的起伏，可以使人的肺活量增加，新陈代谢加快，使心情豁然开朗。在合唱队里，同学们都是兄弟姐妹，互相帮助，开心交流，烦恼都会随着欢快的话语而烟消云散。可以加入健身队。清晨，在学校的绿地、操场周围，到处可以见到跳绳的、做广播体操的、打羽毛球的大学生。大学生们穿着运动服装，聚集在一起，互相鼓励，谈天说地。要让自己的心态平和起来，与同学们一起健身。少了烦恼，少了忧愁，少了压抑，才能真正让自己轻松起来。可以加入大学生野外探险与登山队。野外探险与登山可以使大学生变得坚毅、勇敢与自信。大学生们每周相约在一起，爬山赏景，行进在山川峡谷中，好不惬意。在登山队集体的约束下，懒惰没有了，畏难情绪没有了，孤独感没有了，忧愁与烦恼也没有了。可以加入学生会组织的环保行动。经常与同学们一起进行环保宣传，主动参加环保活动，把废弃的电池、塑料袋集中回收，用汗水把自己的烦恼冲刷掉。可以参加摄影组织。与喜欢摄影的大学生一起去大自然中拍照，交流心得体会，用心去感悟大自然的美，净化心灵。

心灵营养

鱼儿离不开水,瓜儿离不开秧,大学生离不开集体。集体的力量是无穷的,可以让大学生快乐,可以让大学生的内心世界充满阳光。

5. 倾诉疗法

倾诉的奇特功效

问：倾诉真的能使人心情舒畅吗？我连续遇到了挫折，倒霉透了，倾诉能让我的心情轻松起来吗？我还能快乐起来吗？

心理专家：是的。大学生连续遇到挫折以后，很长时间都会觉得烦恼透了，事事不顺心，度日如年，无法集中精力学习，没有任何的快乐感，到处向别人打听如何打开快乐之门。其实，快乐之门的钥匙就在你的手中。这个钥匙就是"倾诉"。心理学认为，倾诉可以使人内心的烦恼顷刻间消失得无影无踪，积极健康的倾诉是使大学生开心的"催化剂"，可以使大学生的心情舒畅起来。

问：向谁倾诉呢？

心理专家：有四种倾诉方式。一是自己对自己倾诉。大学生遇到不顺心的事以后，千万不要闭口不语，更不要出现"郁闷叠加"的怪现象，这样下去会导致严重的后果。要学会倾诉，如果

大学生心理问题解决方案

一时不知道向谁倾诉，可以对自己倾诉。找一个僻静的地方，深呼吸数十次后，放开声音，把烦恼的事大声地、痛痛快快地说出来，不要有所保留。可以痛骂，可以声嘶力竭地喊叫，可以轻声地自言自语，总之要把话说尽，把烦恼全部说出来。说一遍、骂一遍不解气，就来两遍、三遍、四遍、五遍……直到感觉舒心为止。

问：第二种呢？

心理专家：二是对拟定的模拟对象倾诉。可以把愤恨的对象想象成一棵树、一块石头、一个土堆等，把心中的怒火全部抛向拟定的目标，直到感觉心中敞亮了为止。

问：第三种呢？

心理专家：三是向值得信赖的人倾诉。如果身边有自己信赖的老师、同学，不妨主动找他们倾诉，把烦恼说给他们听，说得越详细、越全面越好，不要碍于面子，更不能避重就轻，以免失去倾诉的意义。当然，在倾诉的过程中，要注意倾听他们的意见，真诚地接受他们正确而积极的建议，并努力使自己放松，把问题看得淡一些。

问：第四种呢？

心理专家：四是对心理专家倾诉。当感到问题严重时，应该

自我治疗心理问题的方法

大胆地找心理专家倾诉，把问题与烦恼说出来，让心理专家帮助你梳理问题，找到正确的解决方法。

心灵营养

倾诉是排解烦恼有效的方式之一。大胆地去倾诉吧！倾诉得越多，烦恼排泄得越彻底。

6．回归大自然疗法

回归大自然的奇特功效

问：回归大自然真的能使人心情舒畅吗？

心理专家：是的。人是自然的人，只有融入大自然，才能感悟到生命的真谛。大自然中的万物皆有灵性，风、雨、雪、霜、雾、云、雷电、彩虹、日月星辰、鲜花、草、树木、昆虫、鱼类等能给人以无限的遐想。大自然生机盎然，充满了挑战，无尽的快乐等着你去寻找，无尽的幸福等着你去体味，无尽的惊喜等着你去探寻。国外有家"回归自然快乐大学生俱乐部协会"，会员全部是在校大学生。他们的信条是：人是大自然的一分子，只有进入大自然，才能与大自然结为一体。为了与自然结为一体，他们勇敢地走出了大学校园，丢掉了手机、电脑，头顶阳光，以风为伴，徒步在乡间的田野里、山川与峡谷之中。辽阔的海滩、美丽的花丛……日久天长，大自然给了他们丰厚的回报：积极的心态，灵活的四肢，红润的皮肤，坚定的意志，自然的微笑，坦荡的胸怀，大

自我治疗心理问题的方法

无畏的精神等。

问：怎么回归大自然呢？

心理专家：独步休闲。当你觉得天天被"禁闭"在图书馆里、教室里、宿舍里，没有一丝一毫的快乐感了，看什么都烦恼时，就要清醒地认识到自己的内心已经压抑到极限了，此时就要勇敢地走出去。开始，应该根据自己的身体状况，在距离较近的地域活动。或漫步花园里，与鲜花对话；或穿行于山涧小溪旁；或孩儿般地追逐蝴蝶与蜻蜓；或逗蛐蛐，观蜗牛、蚂蚁；或在阳光下仰望蓝天、白云，欣赏美丽的山；或躺在绿草丛中，与风共舞；或细雨中漫步，无拘无束……身心舒畅了，烦恼也会随之而去。

问：还有其他方式吗？

心理专家：有。集体畅游。节假日，在不影响学习的前提下，如果能约上几个同学一起畅游，会更有趣。同学们可以经常聚集在一起，研究路线、行程及目标点，分享共同的爱好，交流心得体会。畅游前，按照分工，准备好出行的物资。可以当日结束，也可以进行数日。在广阔的天地间，呼吸着新鲜空气，喝着纯净的水，吃着没有污染的蔬菜，睡在农家的火炕上，有说有笑，不亦乐乎。

心灵营养

大自然是公平的,它把快乐与幸福无私地给予亲近大自然的人。赶快去拥抱大自然吧!

7. 交流疗法

交流的奇特功效

问：交流能使人心情舒畅吗？

心理专家：能。交流能使人获得快乐，拓宽知识面，对于身心健康大有益处。学习与生活中，交流可以使大学生学会思考问题、组织语言。

问：与谁交流好呢？

心理专家：要选择好的、积极的、能给予你正能量的交流对象。要保证交流的质量，使自己受益，让自己快乐。选择好的交流对象，交流过程中互相理解、氛围温和、各受其益，就如同干渴至极时喝下了清纯的泉水，真是一种享受。

问：交流什么内容呢？

心理专家：一定要注重交流内容。人与人之间的交流应该是积极有益的，内容应该是高尚健康的，最忌讳交流消极、伤感、低俗、淫秽的话题，也忌讳议论人、乱嚼舌头根子，这样只能是

越谈越郁闷、越无聊、越颓废，无益于身心健康。可以谈论古今中外的趣闻轶事，说说新闻，谈论养生之道、教育问题、世界杯、篮球、网球、台球、棋类、电影、电视剧、书法、绘画、图书等话题，共享快乐。

问：有什么注意事项吗？

心理专家：交流能使人宽心，忘却忧愁。要主动与不同的人交流，特别是与交叉学科的同学交流，可以增加知识。不同的人经历不一样，对事物的感受也不一样，与不同的人交流会给你带来很多意外的收获，会使你的知识面逐渐拓宽，不至于变成孤陋寡闻之人。

心灵营养

交流是获得信息的有效方式之一，交流要讲究用"心"，不能敷衍了事，更不能把交流演变为发泄。

8. 回忆疗法

回忆的奇特功效

问：回忆能使人快乐吗？

心理专家：能。人的记忆是奇特的，记忆容量大得惊人，特别是对过去印象深刻的事，几乎一辈子都忘不掉。当大学生遇到心烦的事，感到压抑难耐时，可以采用此法，达到自我调适、自我解脱的目的。

问：怎样回忆呢？

心理专家：可以用直接回忆法。坐下来，微闭双眼，慢慢回忆最快乐的几件事，包括发生的具体时间、地点与人物，当时的情景是什么样子的，说了什么话，做了什么动作，穿了什么款式的衣服，愉快的事情持续了多长时间等。如果是关于自然环境的事，就要回忆当时看到了什么，什么印象最深刻等。而后，将人物、事件在脑子里一一浮现出来，可以随之笑、动，自然地使自己进入状态，很快就会达到放松的目的，使郁闷的心情开朗起来。回忆进入高潮时，可以自言自语，可以模仿当时的动作，可以使用简单的道具，越投入，越有利于心情的释放。也可以采取画画的方法回忆，找白纸和彩色铅笔，把印象深刻的快乐的事情画出来，最好以漫画的形式画，这样心情会更好些。

问：回忆不起来怎么办呢？

心理专家：可以用辅助回忆法。心情烦躁时，最好喝一杯清茶，然后把记录以前最快乐的几件事的照片、录像等资料拿出来，或翻找以前的微信记录与收藏，仔细过目。对快乐照片中的人物进行回忆，要尽可能地把人物浮现出来，仿佛当时的情景再现一样。脑子里的每个人物都应该是栩栩如生的，仿佛从照片、录像里走出来与你交谈一般。可以仔细回忆每个令你快乐的细节，如人物的眼睛大小、头发长短、体形身材、讲话的姿态、喝茶的状态、吃零食的姿势等。在回忆自然景观时，可以把大海的波浪，风、雨、雷电的声音再现出来，脑子里像过电影一样，把美丽的自然风景一段一段地演出来，让自己置身其中。想象自己奔跑在草原上，酣畅淋漓；或骑着骏马驰骋，潇洒至极；或躺在花丛中，感受着阳光；或追逐蝴蝶、蜻蜓，自由自在；或在小溪里抓蝌蚪、捞鱼虾等。

自我治疗心理问题的 方法

心灵营养

大学生要善于把快乐留在记忆中，要善于从记忆里获得快乐，做个真正的"心情驾驭者"。

9. 书画疗法

书画的奇特功效

问：书画能使人快乐吗？

心理专家：能。古往今来，大多书法家、画家都长寿。画家齐白石大师、刘海粟大师年逾九旬，仍旧挥毫泼墨，妙笔生花。练习书法、绘画时，静中有动，动中有静，头、眼、腰、手、腿、大脑都在运动，写完一幅字，画完一幅画，相当于跑了几百米路，爬了几十米的山，令人周身顺畅、头脑清晰。

问：练习书法、绘画要注意什么呢？

心理专家：练习书法、绘画不仅是一种消遣，更是心理调节的过程。在写字、画画时，要把心神凝聚其间，心随手动，想到手到，如亲临其境。在一幅作品中，可以反映出万千的变化，或静如磐石、动如蛟龙、美如妙龄少女、轻如云朵，或细如银丝白发、苍劲如险峰、奔放如野马……脑海中有万里河山，胸怀里有百万雄师。

问：总是急于求成怎么办呢？

自我治疗心理问题的 方法

心理专家：练习书法、绘画时，不要急于求成，要临摹与实践相结合，不求完美与精准，但求意境与过程。成为名家固然好，但是大众书画家也值得人们赞许。写字、画画都要力求朴实，最真实的也是最自然的。在创作过程中，可以以生活的原味为基础，不需要任何的添加，或写实，或写意，要用心品味其中的奥妙。

问：怎样能使自己的书画技艺提高呢？

心理专家：练习书法、绘画的过程，其实也是交友的过程，可以以此结交很多喜欢书法与绘画的大学生，同学们在一起切磋艺术，互相鼓励，会使人心情愉快、兴趣盎然。通过交流，逐渐突出自己书画的风格，在广博的基础上，可以专攻某一类笔体与技法，天长日久就会有所成就了。

心灵营养

书画是适合人们"养心"的方式之一，其深刻的玄机无以言表，字里行间、浓墨重彩的变化之中，给人以痛快淋漓之感，唤起人无限的遐思。

10. 睡眠疗法

睡眠的奇特功效

问：睡眠对心理健康有什么益处吗？

心理专家：有很大的益处。有这样一个事例：小芬在某大学准备参加一个比赛，为了取得好成绩，她把精力全部放在了备战比赛上，天天熬夜。为了解困，她大量喝咖啡，熬到了凌晨，实在熬不住了，想睡觉又睡不着了，第二天没精打采。恶性循环，天天如此。以前，她面色红润，散发着健康的气息，脾气也好。现在总觉得头发昏，双脚发麻，没有食欲，心里总觉得不踏实。一次，因为一件小事，她冲一起备战比赛的同学大发雷霆，把同学骂得狗血淋头，气得同学坚决不配合她比赛。由于同学的弃权，她也无法比赛了，失去了宝贵的表现自己的机会。她十分后悔自己控制不住情绪，莫名其妙地发火。后来，她找到心理专家，心理专家经过了解，认为她的情绪变坏与睡眠不好有关系，建议她重视睡眠。小芬接受了心理专家的建议，改善了睡眠，情

自我治疗心理问题的 方法

绪逐渐平和了，身体也很快恢复了。后来，她又准备参加一个比赛，注意了睡眠，与同学配合得很好，最终比赛取得了优异的成绩。

问：睡眠的作用这么大吗？

心理专家：现代心理学证实，良好的睡眠对于心情的调整有着极其重要的作用，也是其他方法不能取代的。充足的睡眠对于心理平衡的好处大致有三个：一是使人大脑清晰，不容易产生冲动。睡眠对于恢复体力，特别是对于稳定情绪有着神奇的效果。试验证明，一个人如果连续24小时不睡觉，思维就可能会出现混乱，情绪也会变得异常，本来不大的事情，就可能引发大的"战争"。二是使人安逸，精神饱满，精力充沛，能增强记忆力，提高学习效率。人最忌讳的就是激动与暴怒，这样不仅对心理健康非常不利，还容易造成内分泌失调、生物钟紊乱，引发心脑血管疾病，甚至容易诱发癌变。睡眠不好会使人血压升高，导致大脑神经系统出现"罢工"现象，让人的火气十足，甚至感到郁闷，这时候一旦遇到不顺心的事情，就可能如火山爆发一样，根本不考虑严重的后果，结果令人无法想象。例如，小兵因为考试不及格，心情不好，就把几个要好的同学召集起来打扑克。周末，他们12个小时连续作战，疲惫不堪。后来，因为同学的一张"臭"

大学生心理问题解决方案

牌，他与同学争吵起来，越吵越激烈，突发脑出血，紧急送到医院抢救，落下了后遗症。这个教训十分深刻。三是使人理智、心态平和、心静如水。充足的睡眠，会使人身体的各个部位都得到充分的休息，特别是大脑细胞得到了休息，能使人体内的阴阳平衡起来，内火得到宣泄，这样人就会变得理智起来，遇到不顺心的事情时，就会客观对待了。

问：怎样才算是科学的睡眠呢？

心理专家：首先要保证时间。正常情况下，大学生每天必须保证8个小时的实际睡眠，中午休息半个小时，这样大脑神经就能得到充分休息，人的情绪也就不容易发生异常变化。其次，睡觉前，可以用温水泡脚30分钟，使神经系统得到放松，有助于缓解疲劳和紧张。可以喝一杯温牛奶，对睡眠也很有好处。

心灵营养

睡眠与人的情绪有着极其密切的关系，所谓"熟眠而神满，失眠而神伤，乏眠而神损"。

11．日记疗法

日记的奇特功效

问：日记能排解内心的忧愁吗？

心理专家：能，而且效果很好。例如，梅子是一位在校大学生，大学期间她遇到了许多挫折，可是她对学习与生活总是充满信心。了解她的人都知道，这与她每天写日记是分不开的。自从进入大学后，4年中，她一直坚持写日记，把每天遇到的事情、感受全部记录下来。每次写日记时，她思绪万千。最主要的是她把不愉快的事情都以文字的形式吐露出去了，感到如释重负。所以，在她的心里没有不愉快的事，也没有压抑累积，心理十分健康。

问：写日记很麻烦，怎样能坚持写呢？

心理专家：学习与生活中，大学生几乎每天都可能会遇到一些烦心事，如何对待呢？有什么好的办法呢？如果你寻找不到，其实写日记就是最简单、最实用的办法，但要持之以恒。

大学生心理问题解决方案

学习与生活中的很多事情会逐渐遗忘，避免遗忘最直接的办法就是写日记。日记，其实就是人生成长过程中的一个记录，对于回忆往事、了解过去有着极其重要的作用。大学生应该认真对待写日记，每天花一点时间，把看到的、听到的、想到的记录下来，可以是流水账，也可以抒发自己的情感。无论什么形式，都必须持之以恒，只有坚持，才能真正感觉到写日记的神奇效果。

问：具体写什么呢？

心理专家：什么都可以写，最好是重点写与泛泛地写结合起来。写日记时，应该抓住重点，把重大的事情认真整理，对当时的人物、事件、经过、结果一一进行描述，也可以加入自己的看法及评论，还可以加入一些辅助材料，如照片等，以备以后查阅。对于普通的事件，可以泛泛地记录，但是应该把时间、地点、人物写清楚。要尊重事实，无论是什么事、什么结果，自己愿意也好，不愿意也好，在写日记时，都要尊重事实，不能编造，更不能张冠李戴。对于不愉快的事，让自己感到委屈的事，在尊重事实的前提下，可以发表评论，谈自己的看法，甚至可以骂人，把不愉快的压抑之气吐得干干净净。

自我治疗心理问题的 方法

心灵营养

写日记，是大学生的开心果，是大学生的顺气汤，能让大学生自我排解心中的忧愁，净化心灵，对身心健康十分有益。

后　记

这本书的完成，得到了出版社编辑老师的大力支持和帮助。在此向以上编辑老师们表示衷心的感谢。

为了帮助刚刚步入社会的大学生们解决心理健康问题，提高心理健康水平，防止极端事件发生，作者从日常生活中选出了数十个有代表性的大学生心理健康问题案例，通过回顾事件、疏导问题、归纳推理，讲解了解决大学生心理问题的方法、技巧，让大学生、家长和老师看了明白，能起到有病治病、无病预防的效果。

为了使文字精炼、通俗易懂，本书在写法上不是很规范，没有完全按照心理专家治疗的程序描述，跳跃性很大，距编辑的要求和广大读者的需求相差甚远。由于作者水平有限，书中尚有许多不妥和欠完善的地方，特别是有些心理问题的分析和解决方法并不是很透彻、具体，个别事例也不鲜明，希望读者批评指教。